Volker Lenz

Simon Sechters
Praktische Generalbassschule op. 49

Kommentare und analytische Kontextualisierungen

Volker Lenz

SIMON SECHTERS
PRAKTISCHE GENERALBASSSCHULE
op. 49

Kommentare und analytische Kontextualisierungen

Bibliografische Information der Deutschen Nationalbibliothek
Die Deutsche Nationalbibliothek verzeichnet diese Publikation in der Deutschen Nationalbibliografie; detaillierte bibliografische Daten sind im Internet über http://dnb.d-nb.de abrufbar.

Bibliographic information published by the Deutsche Nationalbibliothek
Die Deutsche Nationalbibliothek lists this publication in the Deutsche Nationalbibliografie; detailed bibliographic data are available in the Internet at http://dnb.d-nb.de.

Coverbild: Aquarell von Volker Lenz.

ISBN-13: 978-3-8382-1732-1
© *ibidem*-Verlag, Stuttgart 2022
Alle Rechte vorbehalten

Das Werk einschließlich aller seiner Teile ist urheberrechtlich geschützt. Jede Verwertung außerhalb der engen Grenzen des Urheberrechtsgesetzes ist ohne Zustimmung des Verlages unzulässig und strafbar. Dies gilt insbesondere für Vervielfältigungen, Übersetzungen, Mikroverfilmungen und elektronische Speicherformen sowie die Einspeicherung und Verarbeitung in elektronischen Systemen.

All rights reserved. No part of this publication may be reproduced, stored in or introduced into a retrieval system, or transmitted, in any form, or by any means (electronic, mechanical, photocopying, recording or otherwise) without the prior written permission of the publisher. Any person who does any unauthorized act in relation to this publication may be liable to criminal prosecution and civil claims for damages.

Printed in the EU

Inhaltsverzeichnis

Vorbemerkungen 7

Literatur zur *Praktischen Generalbassschule* 16

Notentext und Kommentar 22

Tabellarische Übersicht 199

Literaturverzeichnis 205

Vorbemerkungen

Danksagung
Die hier vorliegende, kommentierte Ausgabe von Simon Sechters *Praktischer Generalbassschule op. 49*[1] entstand im Rahmen meiner Dissertation über Sechters Alltagsprosa-Vertonungen[2] (in der sich, auf den Seiten 82 bis 100, auch ein Kapitel zur *Praktischen Generalbassschule* findet). Herzlich danken möchte ich daher – auch an dieser Stelle – meinem Doktorvater, Herrn Prof. Dr. Hartmut Fladt.

Praxisbezug
Während Sechter mit seinen *Grundsätzen der musikalischen Komposition*[3] auf einen heterogenen Adressatenkreis abzielt, wendet er sich in seiner *Praktischen Generalbassschule* primär an (zukünftige) praktizierende Organisten.[4]

Hier, in der *Praktischen Generalbassschule*, werden „harmonische Regeln", die in Sechters *Grundsätzen* als naturgemäß gerechtfertigt erscheinen, teilweise schlicht aus der Musizierpraxis abgeleitet:

> „Die Strenge der harmonischen Regeln ist hiebey möglichst beobachtet worden, und nur jene verdeckten Octaven und Quinten, die durch den allgemeinen Gebrauch längst gerechtfertigt wurden, sind darin gebraucht […]."[5]

---

[1] Simon Sechter: *Praktische Generalbassschule, Neue Ausgabe im einem Bande*, op. 49, Leipzig (Leuckart), ohne Jahresangabe.

[2] Volker Lenz: *Simon Sechter: Alltagsprosa-Vertonungen und ihre kontextuellen Analysevoraussetzungen*, Dissertation an der UdK-Berlin, online-Veröffentlichung, Berlin 2021.

[3] Simon Sechter: *Die Grundsätze der musikalischen Komposition*, 3 Bde., Leipzig 1853-1854.

[4] Auf Beziehungen zwischen Sechters *Grundsätzen*, Sechters *Praktischer Generalbassschule* und kompositorischer Praxis weist Florian Edler hin.
(Florian Edler: *Anton Bruckner und Simon Sechter, Zum Verhältnis von Komposition und Theorie im späten 19. Jahrhundert*, in: Christian Utz (Hg.): *Musiktheorie als interdisziplinäres Fach*, 8. Kongress der Gesellschaft für Musiktheorie, Graz 2008 (=*Schriftenreihe der Kunstuniversität Graz*, Institut 1, B.4), S. 101-118).

[5] Simon Sechter: *Praktische Generalbassschule*, S. 3.

Der Gedanke eines Gerechtfertigt-Seins aufgrund des Praktiziert-Werdens (des „allgemeinen Gebrauchs") erstaunt bei Sechter, der im Ruf eines an starren Regeln festhaltenden Pedanten steht.[6]

Auch bei der Stimmführung der II. und VII. Stufe verfährt Sechter weit weniger dogmatisch, als in den *Grundsätzen* dargestellt. Teilweise werden ihre Quinten innerhalb eines Musikstückes aufwärts oder auch sprungweise weiterbewegt, in der Schlusswendung hingegen, den Grundsätzen entsprechend, sekundweise abwärts.

Sechters Sinn fürs Pragmatische zeigt sich zudem in einer Vermischung zweier Denkweisen, die den Generalbass zum einen als Stimmen-Fortschreitung, zum andern als Gesamtklang-Fortschreitung begreifen. In Nummer 15 etwa erscheint im drittletzten Akkord die 6 im Tenor, während die vorausgehende 5 im Alt lag. Und vom drittletzten Akkord zum nachfolgenden Akkord findet sich eine Überbindung des Tenors in den Alt.

Bezifferung

Bemerkenswert sind einige Details der Sechterschen Akkordbezifferung.

Ein Keil (^) über der Ziffer 5 beim Grundakkord des verminderten Dreiklanges der VII. Stufe in den Nummern 11, 39, 65, 69, 92 soll mutmaßlich das verminderte Quint-Intervall über dem Basston kennzeichnen. Bei anderen Notenbeispielen fehlt dieser Keil (etwa: 25, 30, 35, 38, 71). In den Nummern 56 und 89 findet sich der Keil über der Ziffer 3. Er weist hier wohl auf die verminderte Terz über dem Basston hin. Es könnte sich bei dem Keil um ein Sicherheitsakzidens handeln, das Sechter verwendete, um die Richtigkeit der (bereits ohne Keil eindeutig) bezifferten und notierten leitereigenen (verminderten) Intervalle zu unterstreichen. Die Klärung der Frage, warum der Keil bei manchen Notenbeispielen nicht verwendet wurde, bleibt weiteren Forschungen vorbehalten. Denkbar wäre etwa: Sechter schätzte eine Missdeutung ohne Keil als nicht gegeben ein, oder er schätzte sie zwar als gegeben ein, vergaß aber, den Keil hinzuzufügen, oder er stellte sich an der betreffenden Stelle die Frage einer möglichen Missdeutung nicht.

---

[6] Zu Modifizierungen des Sechter-Bildes, siehe: Volker Lenz: *Simon Sechter: Alltagsprosa-Vertonungen*, 2021.

Ein andere Keilform (>) zeigt an, dass zwei übereinander stehende Ziffern gemeinsam in eine andere Ziffer übergehen, bezieht sich somit auf die Stimmführung.

Waagerechte Striche verwendet Sechter bei der Bezifferung vieler Notenbeispiele, um liegen bleibende Töne zu kennzeichnen.

Diagonale Striche finden sich nur in den Notenbeispielen mit den Nummern 101, 102, 103 und 107, bei denen jeweils ein satztechnischer Sachverhalt mit Hilfe zweier unterschiedlicher Bezifferungen bezeichnet wird: zum einen durch eine im Verlauf der *Praktischen Generalbassschule* noch nicht erwähnte (insofern: neue) Bezifferung, zum andern auf Grundlage schon bekannter Bezifferungen. Im letzteren Fall werden die diagonalen Striche anstelle der neuen Bezifferungen verwendet. Es handelt sich dabei um eine (aus Sicht der Didaktik des Faches Musiktheorie) bemerkenswerte – da nonverbale – Realisierung des didaktischen Prinzips „Vom Bekannten zum Unbekannten".

Sechter verwendet in der *Praktischen Generalbassschule* die Ziffern 2 und 9, sowie 4 und 11.

Mutmaßliche satztechnische Gründe Sechters für die jeweilige Unterscheidung anhand unterschiedlicher Anwendungen in allen einhundertundzwanzig Notenbeispielen der *Praktischen Generalbassschule* differenziert darzustellen, bleibt weiteren Forschungen vorbehalten. Hinzuweisen ist in diesem Zusammenhang darauf, dass Sechter in seinen *Grundsätzen*, bezogen auf die Bezeichnungen „None" und „Undezime", Mindestabstände benennt:

> „Grund der Benennung Non und Undez ist, dass die Non wenigstens der neunte Ton über dem Grundton und die Undez wenigstens der neunte Ton über der Terz sein muss."[7]

Wiederum interessant aus didaktischer Sicht ist, dass Sechter die Undezime nicht als den elften Ton vom Grundton aus, sondern als neunten Ton von der Terz aus zählt. Möglicherweise ging es Sechter dabei um eine Praxis-Verknüpfung von Musiktheorie. Die durch Sechters Beschreibung initiierte Denkweise des Auffindens der Undezime („Terz → Oktavieren → Sekunde höher") weist (gegenüber dem Grundton als gedanklichem Ausgangspunkt) zwei

---

[7] Simon Sechter: *Die Grundsätze* I, § 19, S. 27.

(sowohl die Spiel-, als auch die Kompositionspraxis erleichternde) Vorteile auf. Die gesuchte Taste bzw. Note wird leichter gefunden (eine Taste weiter rechts neben der oktavierten „Terz-Taste" bzw. eine Notenlinienposition über der oktavierten „Terz-Note"). Außerdem stellt die Terz als Ausgangspunkt der Überlegung zugleich den (um eine Oktave zu versetzenden) Auflösungston der 11 dar: der auf das Finden der Terz folgende Denkschritt für den Auflösungston (vom gefundenen Undezimton aus eine Taste nach links bzw. eine Note tiefer) wird also vorweggenommen. In diesem didaktischen Sinne würde die Ziffer 13 als „None über der Quinte" zu beschreiben sein.

Probleme der Etikettierung

Die vierstimmigen Notenbeispiele Sechters wurden von mir auf Grundlage von Ausführungen Hartmut Fladts[8], Florian Edlers[9] und Walter Zelenys[10] als Klangfortschreitungs-Modelle etikettiert (im Sinne der Unterscheidung Hartmut Fladts:

> „,Modell' ist primär – abstrakte – Struktur, ,Topos' die Einheit von Struktur und geschichtlich definierter Bedeutung/Funktion".[11])

Topos-Zuweisungen würden erschwert durch die noch ausstehende Erforschung der Traditionslinien zur *Praktischen Generalbassschule* und die primär didaktisch orientierte Zielsetzung der Lehrbuch-Beispiele. Eine in den Notenbeispielen eingeschlossene „geschichtlich gewachsene Semantik" (im Sinne Hartmut Fladts:

> „Sie [die Klangfortschreitungs-Modelle] bezeichnen [...] eine unauflösbare Einheit von ,kontrapunktischen' und ,harmonischen' Prinzipien, denen immer auch zugleich geschichtlich gewachsene Semantik anhaftet – daher, bei aller Problematik, die Bevorzugung des Topos-Begriffs."[12])

---

[8] Hartmut Fladt: „Modell und Topos im musiktheoretischen Diskurs. Systematiken/Anregungen", in: *Mth* 4 (2005), S. 344-369.
[9] Florian Edler: *Anton Bruckner und Simon Sechter*, S. 101-118.
[10] Walter Zeleny: *Die historischen Grundlagen des Theoriesystems von Simon Sechter*, Wien 1938 (= *Wiener Veröffentlichungen zur Musikwissenschaft* (Hg. Othmar Wessely), Bd. 10), Tutzing 1979, S. 80-100.
[11] Hartmut Fladt: „Modell und Topos im musiktheoretischen Diskurs", S. 344.
[12] Hartmut Fladt: „Modell und Topos im musiktheoretischen Diskurs", S. 343.

kann somit nur vage rekonstruiert werden.¹³ Denkbar erscheint zwar, dass Analysen Sechterscher Kompositionen vermehrt Topos-Zuweisungen ermöglichen, eine solche Hoffnung wird allerdings durch folgende Überlegungen gedämpft. Hartmut Fladt führt aus, die „Etablierung bestimmter Modelle als grundlegende musikalische Verknüpfungsweisen" könne „[…] auf kaum modifizierte Art geschehen oder aber in verschiedenen Abstufungen von individualisiertem Adaptieren, bis hin zu nur noch mit Anstrengung Rekonstruierbarem".¹⁴ Aufgrund dieser gegebenen Möglichkeit der „individualisierten Adaption" eines Klangfortschreitungs-Modells, sowie der ebenfalls (teilweise) gegebenen Möglichkeit, ein konkretes Notenbild mit mehreren Begriffen (für unterschiedliche Klangfortschreitungs-Modelle) angemessen zu bezeichnen¹⁵, wird die Aufgabe einer terminologischen Etikettierung zumindest erschwert, da die Fragen jeweils neu zu beantworten sind: welches der unterschiedlichen Klangfortschreitungs-Modelle im konkreten Fall eines vorliegenden Notenbildes in individualisierter Abwandlung vorzuliegen scheint und welche der somit verschiedenen „geschichtlich gewachsenen Semantiken" dem Notentext „anzuhaften" scheint.¹⁶ Problematisch für eine Begriffszuordnung erscheint

---

13   In der hier vorliegenden Arbeit war dies jedoch bei einigen (von Hartmut Fladt als: „Eröffnungs – Topoi" bzw. als „Topoi des Schließens" bezeichneten) Klangfortschreitungs-Modellen der *Praktischen Generalbassschule* möglich. Von daher erscheint es denkbar, dass die Sechterschen Notenbeispiele weitere Informationen zu semantischen Aspekten der Klangfortschreitungsmodelle enthalten, die aufzuzeigen weiteren Forschungen vorbehalten bleibt.

14   Hartmut Fladt: „Modell und Topos im musiktheoretischen Diskurs", S. 343-344.

15   Beispielsweise könnte ein sekundweise abwärts gerichteter Melodieverlauf (im Bass) mit Begriffen bezeichnet werden wie: „Regola dell' ottava", „Regola dell' ottava-Ausschnitt" (bei nicht vollständig durchschrittener Oktave), „Regola dell' ottava-Variante" (etwa bei (teilweise) chromatischem Melodieverlauf), „Tetrachord-Modell" (im Falle eines Quartrahmens), „Lamento-Bass", „Passus duriusculus" (im Falle eines chromatischen Melodieverlaufes).

16   Die Frage hingegen, ob überhaupt das konkrete Notenbild aufgrund einer bewussten „individualisierten Adaption" eines Klangfortschreitungs-Modelles (bzw. eines Topos') zustande kam, ist nach Ansicht Hartmut Fladts: „[…] für die Argumentation von sekundärer Relevanz, […] [da eine] Aneignung […] auf [eine] primäre und selbstverständliche Art geschah, nämlich über […] Rezeption der Werke […] [anderer Komponisten] oder […] [dadurch, dass] ein historisch-theoretisches Bewusstsein zu dieser Kontinuität von Struktur- und Bedeutungsgefügen noch hinzukam." Hartmut Fladt: „Modell – Topos – Figur.

zudem, dass ein „individualisiertes Adaptieren" zu einer nur teilweisen Konformität eines konkreten satztechnischen Sachverhaltes (einerseits) mit Definitionen der auf ihn angewandten Begriffe (andererseits) beitragen kann, wodurch sich die – letztlich subjektiv zu beantwortende – Frage ergibt, ob (und inwiefern) dem betreffenden Ausmaß an Konformität noch eine Etikettierung als Variante zugebilligt wird, und ab welchem Grad nicht vollständiger Konformität der angewandte Begriff als nicht mehr hinreichend zutreffend eingeschätzt wird. Zwei denkbare Reaktionen auf die Feststellung nicht vollständiger Konformität wären eine terminologische Diversifizierung (das heißt: die Etablierung weiterer (Unter-)Begriffe mit erhöhtem Konformitätsgrad von Bezeichnung und Bezeichnetem) und die Verwendung von Begriffs-Definitionen, die auf eine größere Vielfalt satztechnischer Sachverhalte angewendet werden können. Terminologische Diversifizierung kann zu Bezeichnungen von höherem Komplexitätsgrad im Vergleich zu der zu bezeichnenden Satztechnik führen, (individuell) weit gefasste Definitionen allein hingegen lassen vorhandene Unterschiede unbenannt, müssen daher verbal kommentiert werden, erschweren aufgrund einer Individualität zudem eine Verständigung.

Der Begriff „Dur-Moll-Parallelismus":
Im Folgenden stellt sich bei einigen Klang-Fortschreitungen die Frage, ob (und inwiefern) es als ihnen angemessen angesehen wird, sie als „Dur-Moll-Parallelismen" (bzw. als Varianten derselben) aufzufassen. In dieser Arbeit wird der Begriff „Dur-Moll-Parallelismus" als (in jedem konkreten Einzelfall anhand des Notentextes verbal zu spezifizierender) Oberbegriff verwendet, nach dem Vorbild der weiten Dahlhausschen Begriffsfassung:

> „[...] ‚Dur-Moll-Parallelismus' (Moll: V I VII III = Dur: III VI V I oder Moll: III VII I V = Dur: I V VI III) [...]".[17]

Individualisierte Satztechniken in Wagners *Tristan und Isolde*", in: *Systeme der Musiktheorie*, hrsg. für die Hochschule für Musik Carl Maria v. Weber von Clemens Kühn und John Leigh, Dresden 2009, S. 20-32.

[17] Carl Dahlhaus: *Untersuchungen über die Entstehung der harmonischen Tonalität*, Kassel u.a. (Bärenreiter) 1968, S. 92.

Gemeint sind im hier vorliegenden Text: Klangfolgen (von Dur-oder/und Mollakkorden), die sich in einem (Klein- oder Groß-)Terzabstand (auf- oder abwärts aufeinander folgend) ihrer Fundamente zueinander befinden und von Akkorden mit jeweils (rein)quinthöherem Fundament (vorausgehend oder/und nachfolgend) begleitet werden. (Erstere werden hier als „tonikale", Letztere – sowohl Dur-, als auch Mollakkorde – als: „dominantische" Akkorde bezeichnet.) Für die exakte verbale Beschreibung eines konkreten satztechnischen Sachverhaltes wären demnach folgende Spezifizierungen des Begriffes „Dur-Moll-Parallelismus" notwendig. Bezüglich der „tonikalen" Akkorde: Dur / Moll, Großterz- / Kleinterz-Abstand, aufwärts / abwärts aufeinander folgend, bezüglich der „dominantischen" Akkorde: Dur / Moll, vorausgehend / nachfolgend. Denkbar wären aufgrund dieser Spezifizierungen terminologische Diversifizierungen wie beispielsweise die beiden folgenden (deren Komplexitätsgrade die der jeweils bezeichneten Sachverhalte möglicherweise übersteigen).

Beispiel 1: „Retrograder [bei nachfolgenden „dominantischen" Akkorden], absteigender Kleinterz-Moll-Moll-Parallelismus mit Moll-Dur-Dominanten", beispielsweise:

Akkorde:	g-Moll	c-Moll	a-Moll	E-Dur
„Funktionen":	„d"	„t"	„t"	„D"
				←

Trotz ihrer Komplexität würde diese Beschreibung nicht aussagen, dass lediglich das Verhältnis von a-Moll zu E-Dur als ein „retrogrades" zu bezeichnen wäre, nicht aber das von g-Moll zu c-Moll. Daher könnte konsequenterweise unterschieden werden zwischen den Varianten: „retrograd" (bezogen auf das Verhältnis der beiden „tonikalen" Akkorde zu ihrer jeweiligen „Dominante"), „primär retrograd" (bezogen auf das Verhältnis des zuerst erklingenden - „tonikalen" Akkordes zu seiner „Dominante") und (dementsprechend) „sekundär retrograd", so dass dem vorliegenden Fall die Bezeichnung angemessen wäre: „Sekundär retrograder, absteigender Kleinterz-Moll-Moll-Parallelismus mit Moll-Dur-Dominanten".

Beispiel 2: „Chiastischer [bei rahmenden „tonikalen" Akkorden], aufsteigender Kleinterz-Moll-Dur-Parallelismus mit Dur-Moll-Dominanten", beispielsweise:

Akkorde:	a-Moll	E-Dur	g-Moll	C-Dur
„Funktionen":	„t"	„D"	„d"	„T"
	←			

(Die Bezeichnung „chiastisch" würde übrigens auf dieselbe zeitliche Aufeinanderfolge „tonikaler" und „dominantischer" Akkorde verweisen, wie die Bezeichnung „primär retrograd".) Denkbar wäre auch, letztere Klangfolge zu chiffrieren als:

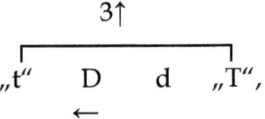

wobei mit „3" die Anzahl der Halbtonschritte (hier: der kleinen Terz) zwischen den „tonikalen" Akkorden bezeichnet würde. (Auch andere abkürzende Intervallbezeichnungen – wie beispielsweise: „k3" oder „kl3" – wären hierbei möglich).

Skalen-Modelle (Regola dell' ottava, Tetrachord-Modell, Lamento-Bass, Passus-duriusculus):
Der Begriff „Skalen-Modell" wird in der hier vorliegenden Arbeit zur Etikettierung tonleitergemäßer Melodiefortschreitungen (nicht zwangsläufig im Bass und eine komplette Oktave durchlaufend) und der damit verbundenen Zusammenklangsfolgen angewandt. Hartmut Fladt führt zu „Skalen-Modellen" im Allgemeinen (zu denen auch die

„ [...] Regola dell' ottava und ihre Ableitungen [...]"

zählt) aus:

„Es sind dies primär Baß-Modelle, die aber auch als abgeleitete Ober- oder Mittelstimmen-Phänomene in Erscheinung treten können […]."[18]

Fundament-Benennungen:
Zum Zweck der Beschreibung von Klangfortschreitungen der *Praktischen Generalbassschule* wird im Folgenden (neben den erwähnten Etikettierungen als „Klangfortschreitungs-Modelle") auch auf die von Sechter in seinen *Grundsätzen* praktizierte Möglichkeit der Fundament-Benennung zurückgegriffen. Dabei treten systembedingte Uneindeutigkeiten der Fundament-Benennung zutage, wodurch eine Beantwortung der Frage, welcher Ton als Fundament-Ton anzusehen sei (daraus folgend: welche Art der Fundament-Fortschreitung vorliegt), teilweise erschwert und sogar verhindert wird. Diese systembedingten Uneindeutigkeiten resultieren:

- aus (erstens) Stimmführungsempfehlungen (sowohl Dreiklangsquinten, als auch Septakkordseptimen vorzubereiten und sekundweise abwärts weiterzubewegen):

  „Zwei Stammaccorde beziehen sich gut auf einander, wenn die Quint des zweiten vorbereitet ist […]."[19]

  „Diese Ordnung [eine Quintfallsequenz mit Dreiklängen] hat das Gute, dass die Quint jedes folgenden Dreiklangs vorbereitet ist, indem die Oktav des vorausgehenden Dreiklangs zur Quint wird."[20]

  „Diejenige Stimme, welche beim Septaccord der 5ten Stufe die Quint hat, geht am besten eine Stufe abwärts in die Oktav oder nach Bedürfniss eine Stufe aufwärts in die Terz des Dreiklangs der 1ten Stufe."[21]

- in Verbindung mit (zweitens) der grundsätzlich zu berücksichtigenden Möglichkeit terz-, sogar quinttieferer[22] Fundamente, bei denen Sechter die Wahl lässt:

  „Also gehört auch zu machen oder hinein zu denken […]".[23]

---

[18] Hartmut Fladt: „Modell und Topos im musiktheoretischen Diskurs", S. 354.
[19] Simon Sechter: *Die Grundsätze* I, § 5, S. 15.
[20] Simon Sechter: *Die Grundsätze* I, § 2, S. 13.
[21] Simon Sechter: *Die Grundsätze* I, § 6, S. 16.
[22] Simon Sechter: *Die Grundsätze* I, § 21, S. 32.
[23] Simon Sechter: *Die Grundsätze* I, § 20, S. 31.

Denn aus der Kombination dieser Stimmführungsempfehlungen mit der Möglichkeit terz- bzw. quinttieferer Fundamente folgt: Die beiden Stimmführungsmerkmale „Vorbereitung durch Liegenlassen" und „sekundweise Abwärtsbewegung", charakterisieren einen Ton nicht eindeutig als Septime. Eine Dreiklangsfortschreitung (bei der die Quinte vorbereitet und sekundweise abwärts weiterbewegt wird) führt (bei Annahme eines terztieferen Fundament-Tones) zu einer korrekten Septakkordfortschreitung (insbesondere, wenn als satztechnische Regel grundsätzlich ein harmonisches Band bzw. ein Gesetz des nächsten Weges berücksichtigt werden, die (im Falle einer Interpretation eines Dreiklanges als terztieferer Septakkord) als Septimenvorbereitung – durch Liegenlassen bzw. durch Sekundanschluss – aufgefasst werden können). Bei Dreiklangsquinten, die den Sechterschen Stimmführungsempfehlungen gemäß behandelt werden, ist die Möglichkeit terz-, sogar quinttieferer (gedachter) Fundamente mit zu erwägen: bieten sich Rezipierenden mehrere Möglichkeiten der Fundament-Interpretation.

Literatur zur *Praktischen Generalbassschule*

Walter Zeleny legt seinen Ausführungen eine zweibändige Ausgabe mit dem Titel *Practische Generalbaß-Schule* zugrunde:

> „Wien, bey Joseph Czerny, Graben, No. 1134. […] Stich, Querfolio. Heft I umfaßt 40 Seiten, das Heft II die Seiten 41-82. Die Verlagsnummer ist 2674, der Preis betrug je Heft 2 f. 30 x C.M."[24]

Möglicherweise wurde in Zelenys Ausgabe kein Erscheinungsjahr ausgewiesen (ebenso wenig, wie in der für die hier vorliegende Arbeit verwendeten Neuausgabe), Zeleny führt dazu jedenfalls eigens aus:

> „Das Katasterblatt der Österreichischen Nationalbibliothek gibt als Erscheinungsjahr 1830 an […]."[25]

Diese Ausgabe scheint inhaltlich mit der für die hier vorliegende Arbeit verwendeten, in Leipzig (ohne Jahresangabe) erschienenen,

---

[24] Walter Zeleny: *Die historischen Grundlagen*, S. 80.
[25] Walter Zeleny: *Die historischen Grundlagen*, S. 80.

Neuen Ausgabe in einem Bande (mit der Titel-Schreibweise „Praktische Generalbassschule") identisch zu sein.

Das Nichtvorhandensein von Sechterschen Erklärungen in der *Praktischen Generalbassschule* und das Vorhandensein von Widersprüchen zwischen der *Praktischen Generalbassschule* und Sechters *Grundsätzen* wird von Zeleny folgendermaßen erklärt:

> „Sie unterscheidet sich von den meisten übrigen durch ihre Sachlichkeit, das heißt durch ihre Beschränkung auf den Gegenstand. Wenn auch Sechter sehr viel geschrieben hat, so war er doch kein Vielschreiber; immer geht es ihm nur um die Sache. Und während die Generalbaß-Schulen schon sehr früh mit Regeln verbunden waren, die eigentlich in das Gebiet der Theorie gehörten, später sogar lange Zeit hindurch als Kompositionslehren auftraten, beschränkt sich Sechter vollkommen auf den eigentlichen Zweck des Generalbasses: Er gibt nur die Erklärung der Zeichen und zwar sogleich mittels praktischer Beispiele. Schon der Titel weist wieder darauf hin: *Practische Generalbaß-Schule, bestehend in 120 progressiven und mehrfach ausgeführten Übungen im Generalbasse, mit besonderer Rücksicht auf jene, welche sich im Orgelspiele vervollkommnen wollen.*"[26]
> „Im Übrigen war […] die Aufgabe der Generalbaßschule nicht, ein harmonisches System zu geben, auch nicht die praktische Anwendung von Sechters System, sondern die, alle Möglichkeiten der Generalbaßbezifferung zu zeigen, im Hinblick auf den damaligen Stand der Musik, soweit sie für Sechter als ernstzunehmend in Betracht kam. So hat, was hier an Widersprüchen zu Sechters Lehre zu finden ist, seine Ursache im Zweck der Arbeit. Schließlich ist zu bedenken, daß Sechter seine Gesetze nicht als unumstößliche verstanden wissen wollte, sondern ‚einen vernünftigen Gebrauch' von Freiheiten zugestand."[27]

Es finden sich Ausführungen Zelenys über satztechnische Details und teilweise Widersprüche zwischen der (von Zeleny verwendeten) *Practischen Generalbaß-Schule* und Sechters *Grundsätzen*.[28]

Über den (vermeintlichen) Quartsextakkord:

> „Der Quartsextakkord entspricht den in den *Grundsätzen* gegebenen Regeln (Bd. I, T. 1, § 4, b, S. 14); wo ein Fall dem zu widersprechen scheint, etwa das

---

[26] Walter Zeleny: *Die historischen Grundlagen*, S. 80.
[27] Walter Zeleny: *Die historischen Grundlagen*, S. 100.
[28] Die folgenden Zitate finden sich an dieser Stelle im Überblick zusammengestellt und ein weiteres Mal einzeln bei den entsprechenden Nummern der *Praktischen Generalbassschule*.

Beispiel IL (S. 33 der Generalbaßschule), findet es seine Erklärung als ‚unregelmäßiger Durchgang' (*Grundsätze*, Bd. I, T. 1 [,] § 28, S. 42)."[29]

Über den (vermeintlichen) Septakkord (und über nicht vorhandene Erklärungen Sechters):

„Auch der Septimenakkord wird den Regeln der *Grundsätze* entsprechend verwendet, mit durchgehender (Bd. I, T. 1, § 11, S. 20) oder mit vorbereiteter und stufenweise fallend aufgelöster Septime (Bd. I, T. 1, § 10, S. 20 und § 4 c, S. 14). In Fällen wie diesem [...] [Beispiel LVI] hatte Sechter nicht zu erklären, daß es sich, seinem System nach, nicht eigentlich um Septimenakkorde [Fußnote: „Sondern eigentlich um Nonenakkorde mit verschwiegenem Fundament."] handelte, weil er damit den Rahmen einer reinen Generalbaßschule schon gesprengt hätte. Er hatte ja nur die Formen zu zeigen, unter denen der [...] Akkord auftreten kann."[30]

Über Nonen und über Sekundakkorde:

„Der Nonen- und der Septnonenakkord werden den Regeln der *Grundsätze* (Bd. I, S. 30) entsprechend vorbereitet und aufgelöst; im Grunde handelt es sich um den gleichen Akkord, dem in einem Falle die Septime fehlt. Es kommen auch Beispiele mit durchgehender None (in Begleitung der Septime) vor, so, abgesehen von den viel späteren, die unter dem Titel der durchgehenden None gebracht werden, das folgende Beispiel: VC (S. 65).[31]

„Der Septnonenakkord (Nonenakkord) ist eine Vorhaltsbildung, der man aber ‚eine, zwar uneigentliche, Selbständigkeit beilegen kann' (*Grundsätze*, Bd. I, S. 30). Dies letztere gilt aber nicht mehr von den folgenden Akkorden (Quartquint-, Quartnonakkord usw.), die rein zufällige, durch verschiedene Vorhalte entstandene Gebilde darstellen. In derlei Akkorden gibt es, von den dissonierenden Vorhalten abgesehen, manchmal noch eine Dissonanz, nämlich die Septime des (manchmal unhörbaren) Fundamentes. Diese Septime tritt oft frei ein, so im Beispiel CII, beim Sekundquartquintakkord. Sechter gesteht in seinen *Grundsätzen* (Bd. I, T. 1, § 15 c, S. 24) der Dominantseptime das Recht des freien Eintrittes zu; in allen Fällen, wo in der Generalbaßschule eine Septime (von den durchgehenden abgesehen) frei eintritt, ist es die einer Dominante. Wo sich die Septime bei einer anderen als der fünften Stufe einstellt, wird diese Stufe durch die entsprechenden chromatischen Veränderungen zu einer Dominante umgestaltet (s. *Grundsätze*, Bd. I, T. 3, § 20, S. 153), so im Beispiel [...] CII (S. 69) [...][.] Hier tritt die Septime stufenweise ein.

Anders aber bei dem Beispiel für den ‚Secundquartseptaccord als Vorhalt beim Secundaccord', das übrigens durch ein merkwürdiges Spiel des

---

[29] Walter Zeleny: *Die historischen Grundlagen*, S. 94
[30] Walter Zeleny: *Die historischen Grundlagen*, S. 95.
[31] Walter Zeleny: *Die historischen Grundlagen*, S. 96.

Zufalls keine Nummer erhalten hat (es steht zwischen CIII und CIV, S. 71); es bringt einigemal den Sekundakkord (mit dem Vorhalte vor der Quinte des Fundamentes) so, daß der Baßton (also die Dissonanz der Harmonie, die umgekehrte Septime) durch einen Quartsprung auf- oder Quintsprung abwärts erreicht wird, für Sechter, der gerade den Sekundakkord immer sehr vorsichtig behandelt, ein auffallend harter, kühner Satz. Übrigens macht dieses ganze Beispiel einen etwas gequälten Eindruck und hebt sich aus der Reihe der übrigen, sonst sehr flüssigen und wohlklingenden Sätzchen klanglich unangenehm heraus: Beispiel ohne Nr. (S. 71)[.] [...] Aber schon im nächsten Beispiel tritt der Sekundakkord wieder wohlvorbereitet auf."[32]

Das von Walter Zeleny erwähnte „Beispiel ohne Nummer" wird in der hier vorliegenden Arbeit als „Nr. 103a" bezeichnet und zwischen Nr. 103 und Nr. 104 platziert.

Über Terzen:

„Die Terzen werden, ausgenommen Leittöne, bedenkenlos verdoppelt. Sechter hat sich in den Grundsätzen nicht, wie die meisten Theoretiker, breit über die möglichen Tonverdoppelungen ausgelassen."[33]

Über die „falsche Quint":

„Sehr frei ist die falsche Quint behandelt, die oft nicht vorbereitet ist und nicht stufenweise fallend aufgelöst, sondern sogar sprungweise erreicht und verlassen wird, was etwa im vorletzten Takte des Beispiels LIII (S. 35) einen ausgesprochen hässlichen Klang ergibt [...]."[34]

Über die II. Stufe:

„Wenn schon die falsche Quinte so frei behandelt ist, so ist die in den *Grundsätzen* der zweiten Stufe auferlegte Beschränkung (Bd. I, T. 1, § 12, S. 22) umso weniger berücksichtigt. Während Sechter der Quinte der zweiten Stufe nur dann aufwärts zu gehen erlaubt, wenn der Septakkord der fünften Stufe folgt, ‚wo eine andere Stimme ihre eigentliche Auflösung übernehmen kann', steigt gleich im allerersten Beispiele der Generalbaßschule die Quinte der zweiten Stufe ohne jede Beschränkung [...]. Die ebenfalls geforderte Vorbereitung ist ebenso vernachlässigt. Selbstverständlich gibt es aber auch zahlreiche Beispiele, in denen sowohl die Behandlung der falschen Quinte als auch die der (unreinen) Quinte der zweiten Stufe ganz nach den strengen Regeln erfolgt."[35]

---

[32] Walter Zeleny: *Die historischen Grundlagen*, S. 96-98.
[33] Walter Zeleny: *Die historischen Grundlagen*, S. 98.
[34] Walter Zeleny: *Die historischen Grundlagen*, S. 98.
[35] Walter Zeleny: *Die historischen Grundlagen*, S. 98.

Über die Fundamentalfolge:

a) Tatsächliche Widersprüche zwischen *Grundsätzen* und der *Generalbaßschule:*

> „Was die Fundamentalfolge in den Beispielen der Generalbaßschule betrifft, so entspricht auch sie nicht immer den in den *Grundsätzen* gegebenen Vorschriften; so bringt gleich das erste Beispiel die Folge VII-V, während doch Sechter in den Grundsätzen (S. 25) nach der siebenten Stufe den Septakkord der fünften Stufe verlangt [Fußnote: „Wegen der falschen Quinte der siebenten Stufe."] (oder die dritte Stufe bzw. deren Septakkord). Ähnlich verhält es sich in dem gleichen Beispiel mit der Folge II-VII; an der eben angeführten Stelle der Grundsätze wird nach der zweiten Stufe der Fundamentalschritt in den Septakkord der siebenten Stufe verlangt [Fußnote: „Wegen der ‚unreinen' Quinte der zweiten Stufe."] (oder die fünfte Stufe bzw. deren Septakkord).
> Auch die Fundamentalfolge des Beispiels IX (S. 12) steht in Widerspruch mit den in den *Grundsätzen* (Bd. I, S. 24 ff.) angegebenen Fundamentalfortschreitungen; ja, dort werden (zwei Seiten vorher, § 13) sogar die Schritte von der fünften zur zweiten, von der zweiten zur sechsten und von der dritten zur siebenten Stufe als ‚nicht gut' bezeichnet. Allerdings erscheinen in diesem Beispiel der Generalbaßschule die Harmoniefolgen durch die chromatischen Durchgangsnoten gemildert."[36]

b) Scheinbare Widersprüche zwischen *Grundsätzen* und der *Generalbaßschule*:

> „Andere Sätze widersprechen der Fundamentalfolge nur scheinbar, etwa das Beispiel LVI (S. 38). In Wahrheit gelten die in Buchstaben unterhalb der Notenzeilen beigefügten Fundamente.
> Ein anderes hierhergehöriges Beipiel ist das Nr. LXVI (S.44), wo nur die Schritte der jeweils ersten Taktglieder als Fundamentalfortschreitung gelten; alle dazwischen befindlichen Harmonien sind zufällige, aus den chromatischen Durchgängen entstandene [...].
> Zufällige Akkordbildungen sind auch alle nach dem Nonenakkorde angeführten, wie Quartquintakkord, Quartnonakkord usw. Sie sind in den *Grundsätzen* nicht mit ihrem Namen genannt, finden aber ihre harmonische Erklärung durch sinngemäße Anwendung des über die Vorhalte Gesagten (*Grundsätze*, Bd. I, S. 27 ff.) [.]"[37]

---

[36] Walter Zeleny: *Die historischen Grundlagen*, S. 99.
[37] Walter Zeleny: *Die historischen Grundlagen*, S. 99-100.

Florian Edler weist in Bezug auf Sekundfortschreitungen der Fundamente darauf hin:

- dass diese mit Sechters *Grundsätzen* in Einklang zu bringen sind:

  „Reale Sekundschritte sind in Sechters System zwar über das Konstrukt der ‚Verschweigung' von Zwischenfundamenten, die entsprechend Rameaus Verfahren der Supposition gebildet werden, durchaus zu rechtfertigen, und so entstandene ‚verschwiegene Quintfälle' dürften im Unterschied zu Terzfortschreitungen und Quintanstiegen keinen metrischen Beschränkungen unterliegen. Dennoch bemüht sich Sechter um die Vermeidung von Sekundprogressionen […]"[38],

- dass sie in Sechters *Praktischer Generalbassschule* durchaus zu finden sind:

  „[…] beispielsweise bei der geläufigen Folge der beiden Quintsextakkorde der erhöhten VI. und VII. Bassstufe in Moll. In der *Generalbassschule* begegnet dieses im Barock übliche Satzmodell durchaus […], in den *Grundsätzen* finden sich dagegen nur umständlichere Lösungen […], die jedoch ohne Zwischenfundamente auskommen […]"[39],

- dass Sechter jedoch bei Dur-Moll-Parallelismen solche Varianten bevorzugt, die keine Sekundverbindungen der Fundamente enthalten:

  „Die Exempla zum abwärts verlaufenden Dur-Moll-Modell beschränken sich in der *Generalbassschule* auf die in etlichen Varianten vorgeführte Version mit Zwischendominanten, die ohne Sekundschritte auskommt. Nahezu unberücksichtigt bleibt die unter Bezeichnungen wie ‚Pachelbelsequenz' […] bekannte grundlegende und historisch ältere Version des Dur-Moll-Parallelismus, die – und hierin ist mit hoher Wahrscheinlichkeit der Grund ihrer Vernachlässigung zu sehen – eine harmonische Sekundprogression beinhaltet."[40]

- dass sich bezüglich des Dur-Moll-Parallelismus' eine Vielzahl konkreter Fundorte benennen lässt für die „Version mit Zwischendominanten":

---

[38] Florian Edler: *Anton Bruckner und Simon Sechter*, S. 103.
[39] Florian Edler: *Anton Bruckner und Simon Sechter*, S. 103.
[40] Florian Edler: *Anton Bruckner und Simon Sechter*, S. 104.

„Vgl. Sechter, *Praktische Generalbassschule*, S. 9, 21f., 31, 35, 38, 43-46, 60, 66, 69, 74, 79f [...]"[41],

- jedoch nur wenige Fundorte für:
- die „Pachelbelsequenz":

„Ein einziges Exemplum (Sechter, *Praktische Generalbassschule*, S. 68) enthält die der ‚Pachelbelsequenz' entsprechende harmonische Fortschreitung, wobei jedoch die Setzung der Oberstimmen den Sequenzcharakter kaschiert."[42]

- sowie den:

„[...] aufwärts verlaufenden Dur-Moll-Parallelismus, [...]: Abermals werden Sekundprogressionen der Fundamente offensichtlich bewusst vermieden [...]"[:]
„*Praktische Generalbassschule*, Ex. 79, S. 54."[43]

Notentext und Kommentar

Jede der einhundertzwanzig Klangfortschreitungen der *Praktischen Generalbassschule* wurde in bisher publizierten Ausgaben in mehreren – harmonisch identischen – Fassungen mit unterschiedlichen Stimmenanzahlen präsentiert. Da der Interessenschwerpunkt meiner Dissertation jedoch dem harmonischen Verlauf galt, beschränkt sich die hier vorliegende kommentierte Ausgabe auf den Abdruck der vierstimmigen Fassungen.[44]

Empfehlenswert wäre, bei der Lektüre eines der folgenden (jeweils ein einzelnes Notenbeispiel betreffenden) Abschnitte die tabellarische Zusammenfassung am Ende des Buches vergleichend heran zu ziehen, da auf diese Weise offenkundig wird, welche Informationen des Text-Abschnittes in die Tabelle aufgenommen wurden und welche nicht.

---

[41] Florian Edler: *Anton Bruckner und Simon Sechter*, S. 104.
[42] Florian Edler: *Anton Bruckner und Simon Sechter*, S. 104.
[43] Florian Edler: *Anton Bruckner und Simon Sechter*, S. 105.
[44] Aus demselben Grund entfallen auch die Bassvariationen, die Sechter jeder Nummer beifügte.

Nr. 1

Notenbeispiel

I.

Überschrift Sechters

„Dreyklang hat: 8 oder 8 8 5 5
                  5   8 3 3 5
                  3   3, 3, 3, 3"[45]

Literaturhinweise

„Wenn schon die falsche Quinte so frei behandelt ist, so ist die in den *Grundsätzen* der zweiten Stufe auferlegte Beschränkung (Bd. I, T. 1, § 12, S. 22) umso weniger berücksichtigt. Während Sechter der Quinte der zweiten Stufe nur dann aufwärts zu gehen erlaubt, wenn der Septakkord der fünften Stufe folgt, ‚wo eine andere Stimme ihre eigentliche Auflösung übernehmen kann', steigt gleich im allerersten Beispiele der Generalbaßschule die Quinte der zweiten Stufe ohne jede Beschränkung […]. Die ebenfalls geforderte Vorbereitung ist ebenso vernachlässigt. Selbstverständlich gibt es aber auch zahlreiche Beispiele, in denen sowohl die Behandlung der falschen Quinte als auch die der (unreinen) Quinte der zweiten Stufe ganz nach den strengen Regeln erfolgt."[46]

„Was die Fundamentalfolge in den Beispielen der Generalbaßschule betrifft, so entspricht auch sie nicht immer den in den *Grundsätzen* gegebenen Vorschriften; so bringt gleich das erste Beispiel die Folge VII-V, während doch Sechter in den Grundsätzen (S. 25) nach der siebenten Stufe den Septakkord der fünften Stufe verlangt [Fußnote Zelenys: „Wegen der falschen Quinte der siebenten Stufe."] (oder die dritte Stufe bzw. deren Septakkord). Ähnlich verhält es sich in dem gleichen Beispiel mit der Folge II-VII; an der eben angeführten Stelle der Grundsätze wird nach der zweiten Stufe der Fundamentalschritt in den Septakkord der siebenten Stufe verlangt [Fußnote:

---

[45] Simon Sechter: *Praktische Generalbassschule*, S. 4.
[46] Walter Zeleny: *Die historischen Grundlagen*, S. 98.

Nr. 1

„Wegen der ‚unreinen' Quinte der zweiten Stufe."] (oder die fünfte Stufe bzw. deren Septakkord)."[47]

Kommentar

Es handelt sich um einen permanenten Terzfall der Fundamente, der mit doppeltem Quintfall endet. Die von Zeleny angemerkte Stimmführung ergibt sich mutmaßlich aus einer primär didaktisch-spielpraktischen Intention Sechters: Er weist in Form des einzelnen, von Akkord zu Akkord sekundweise aufwärts gehenden Tones (nonverbal) auf einen die Spielpraxis erleichternden (da systematisierenden bzw. schematisierenden) Zusammenhang zwischen der Fundamentfortschreitungsgröße und – richtung einerseits und der Anzahl der (sekundweise) zu bewegenden Stimmen und ihrer Bewegungsrichtung andererseits hin. Dieser Zusammenhang wird in der folgenden Tabelle bis zur Septime weiterverfolgt:

Fundament-Fortschreitung (Größe und Richtung)	Sekundweise zu bewegende Stimmen (Anzahl und Richtung)
1 Terz ↑	1↓
1 Terz ↓	1↑
2 Terzen ↑ (= Quinte↑)	2↓
2 Terzen ↓ (= Quinte↓)	2↑
3 Terzen ↑ (= Septime↑)	3↓
3 Terzen ↓ (= Septime↓)	3↑

Demnach muss bei jedem Terzfall des Fundamentes eine Oberstimme um eine Sekunde aufwärts bewegt werden (wobei in der sich bewegenden Oberstimme und in der Bassstimme dieselbe Tonqualität erreicht wird). Bei (den das Notenbeispiel abschließenden) Quintfällen müssen zwei Oberstimmen um jeweils eine Sekunde steigen.

(Da die Fundamentbewegung um eine Septime aufwärts in der Praxis mutmaßlich als Sekundschritt abwärts gespielt würde, kann auch der theoretischen Folgerung, dass drei Stimmen

---

[47] Walter Zeleny: *Die historischen Grundlagen*, S. 99.

sekundweise abwärts zu bewegen seien, in der Praxis nicht entsprochen werden: da dies zu Parallelen führen würde. Dasselbe gilt für Septimen abwärts.)

So evident der dargestellte Zusammenhang aus Fundament-Fortschreitungsgröße (in Terzen) und der Anzahl der (sekundweise) bewegten Stimmen auch sein mag, so muss doch gegenüber der Annahme einer Funktion dieses Notenbeispiels als nonverbale Anregung zu (den dargestellten,) weiterführenden (und durchaus praktikablen) Anwendungen (als: Terzanstiege, Terzfälle, Quintanstiege und Quintfälle) zweierlei eingewendet werden. Erstens stellt sich die Frage, ob Sechter überhaupt einen Quintfall des Fundamentes mit einem zweifachen (oder gar: einen Septimenfall mit einem dreifachen) Terzfall assoziierte, bzw., ob ihm der dargestellte Zusammenhang zwischen der „Anzahl der Terzen" jeder Fundamentbewegung und der Zahl der Stimmen, denen ein harmonisches Band fehlt (so dass eine Stimmbewegung erforderlich wird) bewusst war. Zweitens bewegt Sechter in der folgenden Nr. 2 die beiden sich bei jedem Quintfall ändernden Stimmen keineswegs sekundweise aufwärts (was didaktisch im Sinne der obigen Interpretation nahe liegend gewesen wäre). Allerdings finden sich die sekundweisen Stimmbewegungen bei Terzfall und Quintfall wieder in Nr. 3.

Wenn in jedem Akkord der Grundton verdoppelt wird, ist eine 5 – 6 – Consecutive[48] möglich.

Verweise auf ähnliche Fortschreitungen

„Diese Akkordfolge (sie ist die des I. Beispiels) liegt auch dem XIII., XIV. und XV. Beispiel zu Grunde."[49]

---

[48] Hartmut Fladt: „Modell und Topos im musiktheoretischen Diskurs", S. 356-357.
[49] Walter Zeleny: *Die historischen Grundlagen*, S. 85.

Nr. 2

Notenbeispiel

Kommentar

„Beispiel II bringt den Zirkel: C I IV VII III VI II V I"[50]

Es handelt sich hier um eine diatonische Quintfallsequenz. Durch Verwendung einer weiten Lage in jedem zweiten Akkord erscheint jeder Akkord in Terzlage.

Sopran und Alt verlaufen abwechselnd in Terz- und Sextzusammenklängen (auffassbar auch als Komplementär-Intervall zu Terzen), so dass es sich um eine Form der von Hartmut Fladt so bezeichneten „Terzen- und Sexten- und Dezimen-Parallelismen"[51] handeln kann. Dasselbe gilt für die Stimmkombination Sopran-Tenor.

Verweise auf ähnliche Fortschreitungen

„Den Beispielen XVI bis XIX ist der harmonische Zirkel C I IV VII III VI II V I zu Grunde gelegt; es ist der des II. Beispiels."[52]

„Das Beispiel XXXIX bringt die Harmoniefolge des II; ebenso das XL[.], dieses aber mit Ausweichungen statt mit starrem Festhalten an C-Dur."[53]

---

[50] Walter Zeleny: *Die historischen Grundlagen*, S. 83.
[51] Hartmut Fladt: „Modell und Topos im musiktheoretischen Diskurs", S. 345.
[52] Walter Zeleny: *Die historischen Grundlagen*, S. 85.
[53] Walter Zeleny: *Die historischen Grundlagen*, S. 88.

Nr. 3

Notenbeispiel

Kommentar

„Beispiel III [bringt] den [Zirkel]: C I VI II VII III I IV II V III VI IV II V I."[54]

Es handelt sich um die Kombination der in Nr. 1 und 2 vorgestellten Fortschreitungen (Terzfall und Quintfall), die die Harmonisierung einer Tonleiter im Sopran gestattet und von daher als Skalen-Modell[55] bezeichnet werden könnte. Die Quinte der II. und VII. Stufe wird innerhalb der Sequenz sekundweise aufwärts bewegt; in der Kadenz II-V-I jedoch wird die Quinte der II. Stufe vorbereitet und sekundweise abwärts aufgelöst. Sopran und Tenor bilden eine 5 – 6 – Consecutive[56], Alt und Tenor Terzenparallelen.[57]

Verweise auf ähnliche Fortschreitungen

„Mit Hilfe des Sextakkordes kann auch der Zirkel I VI II VII III I IV II V III VI IV II V I flüssiger gestaltet werden als im III. Beispiel; er liegt dem XX., XXI. und XXII. Beispiel zu Grunde."[58]

---

[54] Walter Zeleny: *Die historischen Grundlagen*, S. 83.
[55] Hartmut Fladt: „Modell und Topos im musiktheoretischen Diskurs", S. 354.
[56] Hartmut Fladt: „Modell und Topos im musiktheoretischen Diskurs", S. 356-357.
[57] Hartmut Fladt: „Modell und Topos im musiktheoretischen Diskurs", S. 345-346.
[58] Walter Zeleny: *Die historischen Grundlagen*, S. 86.

Nr. 4

Notenbeispiel

Kommentar

„Im IV. Beispiel erscheinen bereits Nebenakkorde:
C I V I, IV I IV, II VI II, V II V, I IV I IV, I"[59]

Ähnlich wie in Nr. 3 findet sich wieder eine Kombination von Quintfall und Terzfall; jeder Akkord wird jedoch tonikalisiert durch seine eigene Dominante, mit der er eine Pendelharmonik[60] I-V-I bildet. Das Notenbeispiel kann aufgefasst werden als (nonverbaler) Hinweis auf eine Verwendungsmöglichkeit von Quint-Anstiegen des Fundamentes: als Möglichkeit (harmonisch zwar „ausschmückende", nicht jedoch eine harmonische Fortschreitung im Verhältnis des Anfangs- und Endakkords der Pendelharmonik hervorrufende) mittlere Akkorde einer Pendelharmonik zu erreichen.

Eine Pendelharmonik könnte übrigens mit einer „Pendelmelodik" verglichen werden: mit einer Wechselnote, durch die ebenfalls im (allerdings diastematischen) Verhältnis zwischen der Note, die der Wechselnote vorausgeht, und derjenigen, die ihr nachfolgt, keine melodische Fortschreitung hervorgerufen wird.

Es findet eine Doppelbelegung der Taste c1 statt, wodurch sich die Frage der instrumentalpraktischen Realisierung stellt.

Verweise auf ähnliche Fortschreitungen

„Dem IV. entsprechen die Beispiele XXIII und XXIV, welche der nämlichen Harmoniefolge mit Hilfe des Sextakkords neue Gestalt verleihen [...]."[61]

---

[59] Walter Zeleny: *Die historischen Grundlagen*, S. 83.
[60] Hartmut Fladt: „Modell und Topos im musiktheoretischen Diskurs", S. 362-363.
[61] Walter Zeleny: *Die historischen Grundlagen*, S. 86.

Nr. 5

Notenbeispiel

Kommentar

„[...] im V. [Beispiel] tritt schon Chromatik auf [...]"[62].

Hier werden Terzanstiege und Quintfälle kombiniert (wodurch die Harmonisierung von Tonwiederholungen im Sopran – als Terz, Grundton, Quinte und wieder als Terz – ermöglicht wird). Das Notenbeispiel kann auch aufgefasst werden als: Terzfälle mit zwischendominantischen Akkorden (auf unbetonten Zeiten), wodurch ein Dur-Moll-Parallelismus entsteht.

Verweise auf ähnliche Fortschreitungen

„[...] dem V. [entsprechen] die Beispiele XXV, XXVI und XXVII."[63]

---

[62] Walter Zeleny: *Die historischen Grundlagen*, S. 83.
[63] Walter Zeleny: *Die historischen Grundlagen*, S. 86.

Nr. 6

Notenbeispiel

Literaturhinweise

„Das VI. Beispiel ist die Harmonisierung der Baßskala mit Grundakkorden. […] Diese stufenweise Folge der Harmonie steht in Widerspruch mit den in den Grundsätzen (Bd. 1, T. 1, § 12, S. 24) als gültig gegebenen Fundamentfolgen. Wie es zu erklären ist, zeigt das Beispiel I.III [Unklar bleibt, was mit I.III gemeint sein könnte. Auf Seite 95 findet sich kein entsprechend bezeichnetes Notenbeispiel.] (s. S. 95 der vorliegenden Arbeit [Zelenys]). – Die nachschlagenden Quinten in der Anordnung für zwei Stimmen sind häßlich, werden aber von Sechter nicht verboten."[64]

Kommentar

Die Klangfolge kann als Skalen-Modell[65] bezeichnet werden. Die konsequente Halsrichtung der drei Oberstimmen deutet eventuell auf eine Orgelrealisierung hin: Sopran rechte Hand, Alt-Tenor linke Hand. Im 4. Akkord fehlt die Quinte, die im Alt zu Quintparallelen geführt hätte. Die Quinten der II. und VII. Stufe werden sprungweise erreicht.

Verweise auf ähnliche Fortschreitungen

„Das XXVIII. Beispiel harmonisiert die Baßskala mit lauter Sextakkorden, ist also die Parallele zum VI., die Harmoniefolge ist die gleiche […]."[66]

---

[64] Walter Zeleny: *Die historischen Grundlagen*, S. 83.
[65] Hartmut Fladt: „Modell und Topos im musiktheoretischen Diskurs", S. 354.
[66] Walter Zeleny: *Die historischen Grundlagen*, S. 86.

Nr. 7

Notenbeispiel

Kommentar

„[…] Beispiel VII: C I III IV II IV V III V VI usw."[67]

Da sich die ersten Notenbeispiele der *Praktischen Generalbassschule* nur mit Dreiklängen befassen:

„Dreyklang hat: 8   oder   8   8   5   5
                 5   8   3   3   5
                 3   3, 3, 3, 3"[68],

scheidet die denkbare Verstehensweise als Folge taktweise wechselnder Fundamente C F D G E A F H G C, die das Notenbeispiel als (bereits in den vorhergehenden Beispielen demonstrierte) Kombination von Quintfall und Terzfall (hier: unter Einbeziehung der Septime im 1., 3., 5., 7. und 9. Takt) erklären würde, entweder aus, oder in den erwähnten Takten müsste jeweils ein Soprandurchgang angenommen werden, der, zusammen mit der Bassbewegung vom Fundamentton zu dessen Terz zu einem „scheinkonsonanten" Klang im Riemannschen Sinne führt. Eine weitere Erklärung besteht darin, dass es sich, wie bereits von Walter Zeleny angedeutet, um Sekundanstiege der Fundamente zwischen folgenden Stufen handelt: III → IV, IV → V, V → VI, VI → VII und VII → I.

---

[67] Walter Zeleny: *Die historischen Grundlagen*, S. 84.
[68] Simon Sechter: *Praktische Generalbassschule*, S. 4.

NR. 7

Aus „Organisten-Sicht" (mutmaßlich) von besonderem Interesse, stellt das Notenbeispiel eine Möglichkeit vor, drei sekundweise abwärts verlaufende Soprantöne zu harmonisieren. Aufgrund der (jeweils mit drei Tönen durchmessenen) Quartrahmen der Bassmelodie könnte das Beispiel auch als Tetrachordmodell[69] bezeichnet werden.

Verweise auf ähnliche Fortschreitungen

> „Das VII. Beispiel kehrt in entsprechend veränderter Gestalt [mit Sextakkorden] wieder im Beispiel XXIX und XXX […]."[70]

---

[69] Hartmut Fladt: „Modell und Topos im musiktheoretischen Diskurs", S. 354.
[70] Walter Zeleny: *Die historischen Grundlagen*, S. 86.

Nr. 8

Notenbeispiel

VIII.

Kommentar

„Das Beispiel VIII bringt diese Folge: I V IV II VII V VI V I"[71]

Besonders bemerkenswert sind die sekundweisen Abwärtsbewegungen der Fundamente: V-IV und VI-V. Im dritten Takt kann der Akkord nicht als verschwiegenes Fundament D (d-Moll Septakkord ohne Grundton) aufgefasst werden, da die „Septime" c^1 sich aufwärts auflösen würde. Offenbar ist eine Sekundverbindung der Fundamente gemeint. Eine denkbare Erklärung dafür wäre, dass dem Notenbeispiel eine (bereits im Kommentar zu Nr. 1 erwähnte) didaktische Absicht zugrunde liegt: auf eine Systematik des harmonischen Bandes hinzuweisen:

Bei Grundtonverdopplung von Dreiklängen erfordert ein Fundament-Abstand von einer Terz, dass sich ein Akkordton, von einer Quinte (zwei Terzen), dass sich zwei Akkordtöne, von einer Sekunde (drei Terzen), dass sich drei Akkordtöne weiterbewegen müssen.

Die Quinten der II. und VII. Stufe bewegen sich aufwärts weiter.

Verweise auf ähnliche Fortschreitungen

„Diese Akkordfolge (sie ist die des I. Beispiels) liegt auch dem XIII., XIV. und XV. Beispiel zu Grunde."[72]

„Das VIII. Beispiel kehrt in entsprechend veränderter Gestalt [mit Sextakkorden] wieder im XXXI. und XXXII. [Beispiel]."[73]

---

[71] Walter Zeleny: *Die historischen Grundlagen*, S. 84.
[72] Walter Zeleny: *Die historischen Grundlagen*, S. 85.
[73] Walter Zeleny: *Die historischen Grundlagen*, S. 86.

Nr. 9

Notenbeispiel

Literaturhinweise

> „Auch die Fundamentalfolge des Beispiels IX (S. 12) steht in Widerspruch mit den in den *Grundsätzen* (Bd. I, S. 24 ff.) angegebenen Fundamentalfortschreitungen; ja, dort werden (zwei Seiten vorher, § 13) sogar die Schritte von der fünften zur zweiten, von der zweiten zur sechsten und von der dritten zur siebenten Stufe als ‚nicht gut' bezeichnet. Allerdings erscheinen in diesem Beispiel der Generalbaßschule die Harmoniefolgen durch die chromatischen Durchgangsnoten gemildert."[74]

Kommentar

> „Im IX. Beispiel ist die Folge I V II VI III VII III VI II V I"[75]

Es handelt sich um ein elftaktiges, symmetrisches Fundament-Fortschreitungsmodell mit einem zentralen sechsten Takt. Auf Quintanstiege im ersten folgen Quintfälle im zweiten Teil. Im ersten Teil erklingt eine Quintanstiegsequenz mit Durakkorden, die durch Vermollung zur Mollsubdominante des nächsten Durakkordes werden (eine Akkordfolge, die eher zum Modulieren, jedenfalls nicht zum Kadenzieren geeignet ist, da durch gleich bleibende Akkordstrukturen („constant structure") kein Tonartgefühl aufkommt). Sechter bricht das Modell an der Stelle ab, wo die verminderte Quinte kommen müsste: in Takt 6. Hier erscheint als zentraler Akkord, bei dem das Modell zurückläuft, der verminderte Dreiklang. Er verändert also (als Ende des ersten Teils) nicht den Dur-Akkord in einen Moll-Akkord, sondern in einen verminderten Dreiklang.

---

[74] Walter Zeleny: *Die historischen Grundlagen*, S. 99.
[75] Walter Zeleny: *Die historischen Grundlagen*, S. 84.

Im zweiten Teil findet sich die genau rückläufige Fundament- und Basstonfolge, nicht aber eine rückläufige Akkordstruktur-Folge: die Quintfallsequenz erklingt mit leitereigenen Dreiklängen, die chromatisch verändert werden: in der Stimme, die von Akkord zu Akkord eine große Sekunde bildet, baut Sechter einen chromatischen Durchgang ein.

Mögliche Orgelpraxis-Bezüge können in dem Haltebogen auf h^1 in den Takten 5-7 gesehen werden:

- die relative zeitliche Länge der Überbindung kann den Gedanken an eine klangliche Realisierung auf einer Orgel hervorrufen;
- der Bogen verläuft von Alt zu Sopran; Sechter scheint es also in erster Linie um eine an der Orgelpraxis orientierte „Stimm"-Führung zu gehen.
- Denkbar wäre, dass Organisten mit dem in Takt 6 erfolgenden Bass-Sprung zum großen H von Sechter eine praktische Anleitung zur Kaschierung mutmaßlich als falsch oder strittig beurteilter satztechnischer Details (wie der Überbindung) erhalten: die Aufmerksamkeit des Publikums wird zeitnah abgelenkt.

Teilweise finden sich chromatisierte Sextenparallelen[76] zwischen Sopran und Tenor.

Aufgrund der verschobenen Quartrahmen im Bass könnte das Notenbeispiel als Tetrachordmodell bezeichnet werden.

---

[76] Hartmut Fladt: „Modell und Topos im musiktheoretischen Diskurs", S. 345-346.

Nr. 10

Notenbeispiel

Kommentar

> „[...] im X. der Zirkel: Quartsprung aufwärts, Terzsprung abwärts um die möglichen chromatischen Durchgänge bereichert."[77]

Ein Zusammenhang mit vorhergehenden Notenbeispielen wird deutlicher, wenn die Fundamentfolge als Abwechslung von Quintfall und Terzfall beschrieben wird.

Das Notenbeispiel kann als Versuch aufgefasst werden, möglichst viele Leittöne zum nachfolgenden Akkord zu erhalten:

Alle Quintfälle (Ausnahme: E-Dur zu A-Moll; hier könnte „his" nicht in „c" leiten) erfolgen mit übermäßigen Dreiklängen, die zwei Leittöne zum folgenden Akkord aufweisen. Um zu übermäßigen Dreiklängen zu gelangen, chromatisiert Sechter Durakkorde einfach, Mollakkorde zweifach.

Bei den Terzfällen ist nur ein Leitton möglich, da jeweils zwei Töne von aufeinander folgenden Akkorden gleich sind. Wenn der sich ändernde Ton eine große Sekunde vom nächsten Akkord entfernt ist, chromatisiert Sechter ihn aufwärts, ist er nur eine kleine Sekunde entfernt, wie bei der Folge a-Moll zu F-Dur, ist keine Chromatisierung möglich. Das Verhältnis der Taktanfänge in den Oberstimmen erinnert an eine 5 – 6 – Consecutive.[78] Zwischen Sopran und Alt finden sich chromatisierte Terzenparallelen.[79]

Aufgrund der verschobenen Quartrahmen im Bass könnte das Notenbeispiel als Tetrachordmodell bezeichnet werden.

---

[77] Walter Zeleny: *Die historischen Grundlagen*, S. 84.
[78] Hartmut Fladt: „Modell und Topos im musiktheoretischen Diskurs", S. 356-357.
[79] Hartmut Fladt: „Modell und Topos im musiktheoretischen Diskurs", S. 345-346.

Nr. 11

Notenbeispiel

Literaturhinweise

„Beispiel XI ist das vorläufig einzige in Moll [...]".[80]

Kommentar

Insgesamt finden sich in der *Praktischen Generalbassschule* nur wenige Moll-Beispiele. Von fraglicher Bedeutung ist das Keilzeichen in Takt 3:

- Es kann sich um eine – in einer (von Sechter rezipierten) Generalbasstradition – übliche Bezeichnung handeln, die allerdings dann mutmaßlich nicht konsequent in der *Praktischen Generalbassschule* angewendet wurde. Dies zu klären, bleibt weiteren Forschungen vorbehalten.
- Es kann sich nicht auf die (Quint-)lage beziehen, da der Akkord in Oktavlage erscheint.
- Es könnte auf die verminderte Quinte hinweisen. Gegen diese Verstehensweise ist einzuwenden, dass eine solche Bezeichnung generalbassunüblich wäre, da der vermeintlich bezeichnete Ton als leitereigen nicht bezeichnet werden müsste. Außerdem findet sich das Zeichen innerhalb der *Praktischen Generalbassschule* nicht konsequent bei verminderten Quinten.
- Es könnte sich um einen in Sechters Manuskript befindlichen, bei Drucklegung der *Praktischen Generalbassschule*

---

[80] Walter Zeleny: *Die historischen Grundlagen*, S. 84.

NR. 11

missverstandenen, Fußsatz zum Orgelspiel handeln. (Wonach Sechter für das Spiel der Bassstimme im Orgel-Pedal des dritten Taktes mutmaßlich auf „1" den Absatz des – linken oder rechten – Fußes, auf „2" die Spitze des linken Fußes – auf die sich der Keil beziehen würde – vorgesehen hätte.) Fraglich und von weiteren Forschungen zu klären ist, ob Sechter solche Fußsatz-Bezeichnungen verwendete.

Sechter könnte mit diesem Beispiel die Absicht verfolgt haben, auf eine mögliche Verwendung des übermäßigen Dreiklanges in der Molltonart hinzuweisen. Insofern steht Nr. 11 in Beziehung zu den Beispielen Nr. 9 und 10, die dessen Verwendungen in der Durtonart vorführen.

Für Organisten mutmaßlich interessant ist, dass mit der Akkordfolge von Nr. 11 die Harmonisierung eines aufwärts gehenden Tonleiterausschnittes ermöglicht wird (so dass die Klangfolge als potenzielles Skalen-Modell[81] bezeichnet werden könnte): die Oberstimme hätte in diesem Fall die Tonfolge a h c (c) d (d) e (e).

Verweise auf ähnliche Fortschreitungen

„Das XXXV. Beispiel entspricht dem Mollbeispiel (XI)."[82]

---

[81] Hartmut Fladt: „Modell und Topos im musiktheoretischen Diskurs", S. 354.
[82] Walter Zeleny: *Die historischen Grundlagen*, S. 87.

Nr. 12

Notenbeispiel

Überschrift Sechters

„Sextaccord hat: 8 6 6 8
6 6 3 6
3 , 3 , 3 , 6"[83]

Literaturhinweise

„[Es] beginnen die Beispiele mit Sextakkorden (S. 13)".[84]

Kommentar

Die Behandlung des Sextakkordes beginnt Sechter (wie in Nr. 1 die Behandlung des Grundakkordes) mit Terzfällen der Fundamente.

Eine stimmenbezogene Systematik von Fundament-Fortschreitungen in der Größe einer Terz (bei der sich ein Ton bewegen muss, zwei hingegen liegen bleiben können) wird an den Bindebögen erkennbar: sie betreffen wiederkehrende Stimmkombinationen (ST, SA, AT;   ST, SA, AT;   ST, SA, AT;   ST).

Die Quinte der II. und VII. Stufe wird in der Sequenz sekundweise aufwärts bewegt, in der abschließenden II-V-I-Kadenz sekundweise abwärts. Die Intervallverhältnisse zwischen Sopran und Tenor erinnern an eine 5 – 6 – Consecutive.[85] Aufgrund der Tastendoppelbelegung e^1 stellt sich die Frage der instrumentalpraktischen Realisierung.

---

[83] Simon Sechter: *Praktische Generalbassschule*, S. 13.
[84] Walter Zeleny: *Die historischen Grundlagen*, S. 84.
[85] Hartmut Fladt: „Modell und Topos im musiktheoretischen Diskurs", S. 356-357.

Nr. 13

Notenbeispiel

Kommentar

Das Notenbeispiel schließt sich an die Nummern 12 und 1 an: in Nr. 13 werden Kombinationen aus Grund- und Sextakkorden bei Terzfällen der Fundamente vorgestellt, so dass bei jeweils gleich bleibendem Sopranton, ausschließlich durch metrisch versetztes Verschieben der Unterstimme, eine 5 – 6 – Consecutive[86] entsteht.

Wieder bewegt Sechter die Quinten der II. und VII. Stufe aufwärts, in der Schluss-Kadenz abwärts. Das Nichtvorhandensein von Überbindungen kann (im Vergleich zum unmittelbar vorhergehenden häufigen Gebrauch in Nr. 12) als nonverbaler Hinweis auf beide Möglichkeiten (Binden oder Anschlagen) aufgefasst werden.

---

[86] Hartmut Fladt: „Modell und Topos im musiktheoretischen Diskurs", S. 356-357.

Nr. 14

Notenbeispiel

Kommentar

Bei diesem Beispiel erfolgen die Terzfälle der Fundamente ausschließlich mit Sextakkorden. Wieder bewegt Sechter die Quinten der II. und VII. Stufe aufwärts, in der Schluss-Kadenz abwärts. Im Violinschlüssel finden sich größtenteils dieselben Noten wie in Nr. 13, hier aber teilweise mit Überbindungen, manche mögliche Bögen fehlen allerdings. Im vorletzten Takt wird wieder vom Alt in den Sopran gebunden. Eventuell kann dies als ein Indiz dafür angesehen werden, dass Sechter für die Orgelpraxis schreibt. Sechters Auffassung des Generalbasses entspricht mutmaßlich daher nicht ausschließlich dem (Bachschen) Denken in Stimmverläufen, sondern teilweise einem Denken in Verschiebungen bzw. Aufeinanderfolgen von Gesamtklängen. Unter diesem Gesichtspunkt können teilweise fehlende Überbindungen durch ein (für Sechters mutmaßliches Empfinden) ansprechenderes klangliches Gesamtergebnis motiviert gewesen sein. Die Intervallverhältnisse zwischen Sopran und Tenor erinnern an eine 5 – 6 – Consecutive.[87]

Verweise auf ähnliche Fortschreitungen

> „Diese Akkordfolge (sie ist die des I. Beispiels) liegt auch dem XIII., XIV. und XV. Beispiel zu Grunde."[88]

---

[87] Hartmut Fladt: „Modell und Topos im musiktheoretischen Diskurs", S. 356-357.
[88] Walter Zeleny: *Die historischen Grundlagen*, S. 85.

Nr. 15

Notenbeispiel

Kommentar

Während sich hier die Bassstimme in Form einer Quintfallsequenz bewegt, findet ein permanenter Terzfall der Fundamente statt. Die Klangfolge kann auch als 5 – 6 – Consecutive[89] beschrieben werden. Während der Sequenz bewegt sich die Quinte der II. Stufe sekundweise aufwärts, in der Schluss-Kadenz sekundweise abwärts. Die Quinte der VII. Stufe springt abwärts. Besonders bemerkenswert (außer den teilweise fehlenden Überbindungen) ist die 6 im drittletzten Akkord, die im Tenor erscheint, obwohl unmittelbar vorher die Alt die 5 hatte. Dem Generalbass-Praktiker Sechter scheint hier der Gesamtklang wieder wichtiger gewesen zu sein, als die Stimmführung.

Verweise auf ähnliche Fortschreitungen

> „Diese Akkordfolge (sie ist die des I. Beispiels) liegt auch dem XIII., XIV. und XV. Beispiel zu Grunde."[90]

---

[89] Hartmut Fladt: „Modell und Topos im musiktheoretischen Diskurs", S. 356-357.
[90] Walter Zeleny: *Die historischen Grundlagen*, S. 85.

Nr. 16

Notenbeispiel

Kommentar

Es handelt sich hierbei um eine Quintfallsequenz abwechselnd mit Sext- und Grundakkorden. Aufgrund des Quartrahmens der Grundakkorde (denen jeweils ihr quinthöheres Fundament vorausgeht) könnte das Notenbeispiel als Tetrachordmodell[91] bezeichnet werden. Die Quinten der II. und VII. Stufe werden regulär vorbereitet und sekundweise abwärts bewegt. Sopran und Bass bewegen sich abwechselnd in Terz- und Sextparallelen.[92]

Verweise auf ähnliche Fortschreitungen

> „Den Beispielen XVI bis XIX ist der harmonische Zirkel C I IV VII III VI II V I zu Grunde gelegt; es ist der des II. Beispiels."[93]

---

[91] Hartmut Fladt: „Modell und Topos im musiktheoretischen Diskurs", S. 354.
[92] Hartmut Fladt: „Modell und Topos im musiktheoretischen Diskurs", S. 345-346.
[93] Walter Zeleny: *Die historischen Grundlagen*, S. 85.

Nr. 17

Notenbeispiel

Kommentar

Ähnlich wie bei Nr. 16 findet wieder eine Quintfallsequenz mit Grund- und Sextakkorden statt, diesmal beginnend mit einem Grundakkord. In beiden Fällen (Nr. 16 und 17) findet eine Bassbewegung aus Terz abwärts und Sekunde aufwärts statt, so dass beim Orgelspiel derselbe Fußsatz verwendbar wäre.

Die II. und VII. Stufe wird, wie in Nr. 15, regulär behandelt, nur ohne Überbindungen.

Sopran und Bass verlaufen abwechselnd in Terz- und Sextparallelen.[94]

Aufgrund des Quartrahmens der Grundakkorde könnte das Notenbeispiel als Tetrachordmodell[95] bezeichnet werden.

Verweise auf ähnliche Fortschreitungen

> „Den Beispielen XVI bis XIX ist der harmonische Zirkel C I IV VII III VI II V I zu Grunde gelegt; es ist der des II. Beispiels."[96]

---

[94] Hartmut Fladt: „Modell und Topos im musiktheoretischen Diskurs", S. 345-346.
[95] Hartmut Fladt: „Modell und Topos im musiktheoretischen Diskurs", S. 354.
[96] Walter Zeleny: *Die historischen Grundlagen*, S. 85.

Nr. 18

Notenbeispiel

Kommentar

Es findet eine Quintfallsequenz mit Sextakkorden statt, die II. und VII. Stufe werden regulär behandelt. Bemerkenswert für das Orgelspiel ist, dass im Pedal bzw. im Bass zwar eine bei Quintfallsequenzen in Grundakkorden übliche Bewegung der Füße stattfindet (Quarte aufwärts, Quinte abwärts), diese (von daher bekannte) Bewegungsfolge sich jedoch auch auf Sextakkorde anwenden lässt. Der Bass bildet sowohl mit dem Sopran, als auch mit dem Alt abwechselnd Terz- und Sextparallelen.[97]

Verweise auf ähnliche Fortschreitungen

> „Den Beispielen XVI bis XIX ist der harmonische Zirkel C I IV VII III VI II V I zu Grunde gelegt; es ist der des II. Beispiels."[98]

---

[97] Hartmut Fladt: „Modell und Topos im musiktheoretischen Diskurs", S. 345-346.
[98] Walter Zeleny: *Die historischen Grundlagen*, S. 85.

Nr. 19

Notenbeispiel

Kommentar

Es handelt sich um eine Quintfallsequenz, bei der jede Harmonie zuerst als Grundakkord, anschließend als Sextakkord erscheint. Sechter schreibt gleiche Noten doppelt. Hier geht es ihm nicht nur um den Gesamtklang, sondern auch darum, dass die Stimmen optisch verfolgbar sind. Während die Quinte der VII. Stufe in derselben Stimme vorbereitet und aufgelöst wird, findet die Vorbereitung der Quinte der II. Stufe im Sopran, ihre Auflösung (nach Lagenwechsel) im Alt statt.

Verweise auf ähnliche Fortschreitungen

> „Den Beispielen XVI bis XIX ist der harmonische Zirkel C I IV VII III VI II V I zu Grunde gelegt; es ist der des II. Beispiels."[99]

---

[99] Walter Zeleny: *Die historischen Grundlagen*, S. 85.

Nr. 20

Notenbeispiel

Kommentar

Das Beispiel kann beschrieben werden als:

- Kombination aus Terzfall und Quintfall der Fundamente,
- Skalen-Modell[100],
- 5 – 6 – Consecutive.[101]

Die Quinte der II. Stufe wird im ersten Takt sprungweise erreicht und sekundweise aufwärts (der 5 – 6 – Consecutive entsprechend) verlassen, in der Kadenz wieder regulär behandelt.

Verweise auf ähnliche Fortschreitungen

> „Mit Hilfe des Sextakkordes kann auch der Zirkel I VI II VII III I IV II V III VI IV II V I flüssiger gestaltet werden als im III. Beispiel; er liegt dem XX., XXI. und XXII. Beispiel zu Grunde."[102]

---

[100] Hartmut Fladt: „Modell und Topos im musiktheoretischen Diskurs", S. 354.
[101] Hartmut Fladt: „Modell und Topos im musiktheoretischen Diskurs", S. 356-357.
[102] Walter Zeleny: *Die historischen Grundlagen*, S. 86.

Nr. 21

Notenbeispiel

Kommentar

Es handelt sich um eine Kombination aus Terzfall und Quintfall der Fundamente (bei der die Oberstimmen sich in der Art einer 5 – 6 – Consecutive[103] bewegen), die eine Tonleiterharmonisierung gestatten würde. Die Quinten der II. und VII. Stufe gehen in der Sequenz aufwärts weiter, in der Schluss-Kadenz wird die Quinte der II. Stufe vorbereitet und sekundweise abwärts weiterbewegt. Aufgrund der halbtaktigen tonleitergemäßen Melodiefortschreitung im Bass könnte das Notenbeispiel als Skalen-Modell bezeichnet werden.

Verweise auf ähnliche Fortschreitungen

> „Mit Hilfe des Sextakkordes kann auch der Zirkel I VI II VII III I IV II V III VI IV II V I flüssiger gestaltet werden als im III. Beispiel; er liegt dem XX., XXI. und XXII. Beispiel zu Grunde."[104]

---

[103] Hartmut Fladt: „Modell und Topos im musiktheoretischen Diskurs", S. 356-357.
[104] Walter Zeleny: *Die historischen Grundlagen*, S. 86.

Nr. 22

Notenbeispiel

Kommentar

Die Fundamente folgen abwechselnd in Terz- und Quintfällen aufeinander.

Die Sequenz und die Behandlung der Quinten der II. und VII. Stufe entsprechen Nr. 21. Die Bassbewegung (die aus einer rückläufigen bzw. krebsgängigen Variante von jeweils zwei Achteln der Bassbewegung von Nr. 21 besteht) ermuntert (nonverbal) zum selbstständigen Aufsuchen weiteren Varianten, wie etwa (bezogen auf die ersten vier Achtel, also die Fundamente C und A) die folgenden Beispiele c) und d) (wobei c), bei unveränderten Oberstimmen, allerdings zu Oktavparallelen führen würde):

Das Verhältnis der Melodieverläufe von Sopran und Tenor, sowie von Sopran und Bass erinnert teilweise an eine 5 – 6 – Consecutive.[105]

Verweise auf ähnliche Fortschreitungen

> „Mit Hilfe des Sextakkordes kann auch der Zirkel I VI II VII III I IV II V III VI IV II V I flüssiger gestaltet werden als im III. Beispiel; er liegt dem XX., XXI. und XXII. Beispiel zu Grunde."[106]

---

[105] Hartmut Fladt: „Modell und Topos im musiktheoretischen Diskurs", S. 356-357.
[106] Walter Zeleny: *Die historischen Grundlagen*, S. 86.

Nr. 23

Notenbeispiel

Kommentar

Es handelt sich um eine Variante der bereits vorgestellten Mischung aus Quintfall und Terzfall der Fundamente, bei der jedes Fundament seine eigene Dominante einrahmt, so dass die Klangfolge als Pendelharmonik[107] bezeichnet werden könnte:

Fundamentfolge:		CGC	FCF	DAD	GDG	CFCFC
Zugrunde liegende Terz- und Quintfälle:		C	F	D	G	

Verweise auf ähnliche Fortschreitungen

> „Dem IV. entsprechen die Beispiele XXIII und XXIV, welche der nämlichen Harmoniefolge mit Hilfe des Sextakkords neue Gestalt verleihen [...]."[108]

---

[107] Hartmut Fladt: „Modell und Topos im musiktheoretischen Diskurs", S. 362-363.
[108] Walter Zeleny: *Die historischen Grundlagen*, S. 86.

Nr. 24

Notenbeispiel

Kommentar

Die Akkordfolge entspricht Nr. 23. Denkbar wäre, dass Sechter die Ziffer 3 angibt, um auf einen gewünschten Stimmenverlauf (von der 6 zur 3) aufmerksam zu machen. Aufgrund der Oktavlage des zweiten Akkordes in Takt 2 (der ebenfalls mit „3" beziffert wurde) erscheint es unwahrscheinlich, dass sich die „3" in Takt 1 (ähnlich Nr. 120) auf eine geforderte Terzlage bezieht. Aufgrund von Tastendoppelbelegungen stellt sich die Frage der instrumentalpraktischen Realisierung.

Verweise auf ähnliche Fortschreitungen

> „Dem IV. entsprechen die Beispiele XXIII und XXIV, welche der nämlichen Harmoniefolge mit Hilfe des Sextakkords neue Gestalt verleihen […]."[109]

---

[109] Walter Zeleny: *Die historischen Grundlagen*, S. 86.

Nr. 25

Notenbeispiel

Kommentar

Diesmal findet eine Kombination aus Terzanstieg und Quintfall der Fundamente statt:

C E A C F A D G C. Florian Edler weist darauf hin, dass es sich um einen abwärts verlaufenden Dur-Moll-Parallelismus ohne Sekundschritte der Fundamente handelt.[110] Einige Überbindungen fehlen. Die II. Stufe erscheint als Abschluss der Sequenz und als Beginn der Kadenz, ihre Quinte wird regulär behandelt. Sopran und Bass verlaufen abwechselnd in Terzen- und Sexten[111] zueinander.

Verweise auf ähnliche Fortschreitungen

„[…] dem V. [entsprechen] die Beispiele XXV, XXVI und XXVII."[112]

„Vgl. Sechter, *Praktische Generalbassschule*, S. 9, 21f., 31, 35, 38, 43-46, 60, 66, 69, 74, 79f."[113]

---

[110] Florian Edler: *Anton Bruckner und Simon Sechter*, S. 104.
[111] Hartmut Fladt: „Modell und Topos im musiktheoretischen Diskurs", S. 345-346.
[112] Walter Zeleny: *Die historischen Grundlagen*, S. 86.
[113] Florian Edler: *Anton Bruckner und Simon Sechter*, S. 104.

Nr. 26

Notenbeispiel

Kommentar

Es handelt sich wie bei Nr. 25 um eine Mischung aus Terzanstieg und Quintfall.

Florian Edler weist darauf hin, dass es sich um einen abwärts verlaufenden Dur-Moll-Parallelismus ohne Sekundschritte der Fundamente handelt.[114] In den folgenden Funktionsbezeichnungen wird lediglich zwischen dominantischen – (D) – und „tonikalen" Akkorden – T bzw. t – unterschieden, unabhängig von der Funktion der „tonikalen" Akkorde innerhalb der Tonart C-Dur:

Fundamente:	C	E	A	C	F	A	DGC
Funktionsbezeichnungen:	T	(D)	t	(D)	T	(D)	t
	3	3	3		3		3

Die Akkorde, die den Quintfall durchführen, sind Durakkorde (Zwischendominanten zum nachfolgenden tonikalen Sextakkord). Die tonikalen Akkorde bilden untereinander einen Terzfall, ebenso die dominantischen Akkorde untereinander und die Basstöne untereinander. Sobald die II. Stufe erreicht wird, steigt Sechter aus der Sequenz aus, und schließt einen doppelten Quintfall an, wobei die Quinte der II. Stufe regulär behandelt wird. Sechter legt in diesem Beispiel Wert auf ein Denken in Stimmen: Diejenige Stimme, die die 6 hat, geht in die 5.

---

[114] Florian Edler: *Anton Bruckner und Simon Sechter*, S. 104.

Nr. 26

Verweise auf ähnliche Fortschreitungen

„[...] dem V. [entsprechen] die Beispiele XXV, XXVI und XXVII."[115]

„Vgl. Sechter, *Praktische Generalbassschule*, S. 9, 21f., 31, 35, 38, 43-46, 60, 66, 69, 74, 79f."[116]

---

[115] Walter Zeleny: *Die historischen Grundlagen*, S. 86.
[116] Florian Edler: *Anton Bruckner und Simon Sechter*, S. 104.

Nr. 27

Notenbeispiel

Kommentar

Wieder findet sich eine Kombination aus Terzanstieg und Quintfall. Florian Edler weist darauf hin, dass es sich um einen abwärts verlaufenden Dur-Moll-Parallelismus ohne Sekundschritte der Fundamente handelt.[117] Dabei wird die Terz des jeweils „tonikalen" Akkordes zum Grundton des folgenden dominantischen Akkordes.

Fundamente:	C	E	A	C	F	A	D	G	C
Funktionen:	T	(D)	t	(D)	T	(D)			t
	3 = 1	3LT→1	3=1	3LT→1	3=1	3LT→1			

Die Terz des dominiantischen Akkordes bewegt sich leittönig aufwärts in den Grundton des folgenden tonikalen Akkordes. Der Ausstieg aus diesem Modell erfolgt wieder bei der II. Stufe (deren Quinte regulär behandelt wird), um II – V – I anzuhängen.

Aufgrund einer Tastendoppelbelegung stellt sich die Frage der instrumentalpraktischen Realisierung.

Verweise auf ähnliche Fortschreitungen

„[…] dem V. [entsprechen] die Beispiele XXV, XXVI und XXVII."[118]

„Vgl. Sechter, *Praktische Generalbassschule*, S. 9, 21f., 31, 35, 38, 43-46, 60, 66, 69, 74, 79f."[119]

---

[117] Florian Edler: *Anton Bruckner und Simon Sechter*, S. 104.
[118] Walter Zeleny: *Die historischen Grundlagen*, S. 86.
[119] Florian Edler: *Anton Bruckner und Simon Sechter*, S. 104.

Nr. 28

Notenbeispiel

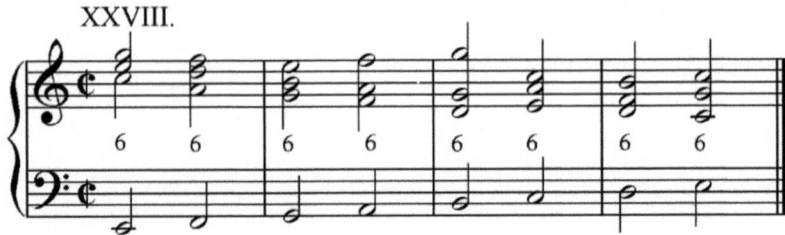

Kommentar

Es handelt sich um ein Skalen-Modell[120] mit Sextakkorden. Sie bietet die Möglichkeit, eine Sopranmelodie zu harmonisieren, bei der drei Töne sekundweise abwärts, danach wieder aufwärts gehen (hier: g^2 f^2 e^2 f^2 g^2).

Die Quinten der II. und VII. Stufe werden nicht vorbereitet, die Quinte der II. Stufe wird regulär weiterbewegt, die der VII. sekundweise aufwärts.

Unklar bleibt, ob die Tatsache, dass alle zu einem Akkord gehörenden Noten im oberen Liniensystem nur einen Hals haben, die im ersten Akkord hingegen zwei, von Bedeutung ist. Es finden sich Terzen- und Sextenparallelen[121] zwischen Sopran und Bass.

Verweise auf ähnliche Fortschreitungen

> „Das XXVIII. Beispiel harmonisiert die Baßskala mit lauter Sextakkorden, ist also die Parallele zum VI., die Harmoniefolge ist die gleiche […].“[122]

---

[120] Hartmut Fladt: „Modell und Topos im musiktheoretischen Diskurs", S. 354.
[121] Hartmut Fladt: „Modell und Topos im musiktheoretischen Diskurs", S. 345-346.
[122] Walter Zeleny: *Die historischen Grundlagen*, S. 86.

Nr. 29

Notenbeispiel

Kommentar

Es handelt sich um eine Kombination aus Quintfall und Terzfall der Fundamente:

C F D G E A F H G C.

Sechter erwähnt die 3, weil die Stimmenbewegung von der 6 über die 5 zur 3 stattfinden soll, ein Indiz dafür, dass der Klang auf der jeweils zweiten Takthälfte von Sechter als Septakkord aufgefasst wurde (dessen Auflösung sekundweise abwärts, in die 3 des Folgeakkordes erfolgen muss), dass also keine sekundweise Aufwärtsbewegung der Fundamente (etwa: C E F) vorliegt. Die Quinte der II. Stufe wird in einer anderen Stimme vorbereitet, die der VII. Stufe weder vorbereitet, noch aufgelöst. Das Notenbeispiel lässt sich bequem auf einer Orgel spielen, weil nur Sekundschritte im Pedal vorkommen. An den Überbindungen könnten stumme Wechsel von Spitze und Absatz stattfinden. Die Akkordfolge erlaubt die Harmonisierung einer Sopranmelodie, bei der drei Töne sekundweise abwärts aufeinander folgen. Die weiten Lagen der letzten beiden Takte (insbesondere des letzten, dessen Undezime kaum mit einer Hand zu spielen ist) legen den Gedanken an eine Realisierung auf einer Orgel nahe (rechte Hand: Sopran, linke Hand: Alt und Tenor, Füße: Bass).

Es findet sich wieder eine Tastendoppelbelegung, sowie Sextenparallelen[123] zwischen Sopran und Tenor, bzw. Terzen- und Sextenparallelen zwischen Sopran und Bass. Außerdem finden sich Terzenparallelen (in der Abwechslung Tonwiederholung und

---

[123] Hartmut Fladt: „Modell und Topos im musiktheoretischen Diskurs", S. 345-346.

NR. 29

Sekundanstieg) abwechselnd in der Stimmen-Kombination Tenor-Alt und Alt-Sopran: bei Sekundanstieg der Terz findet sich in der jeweils nicht beteiligten Oberstimme (im Quartabstand über bzw. (darauffolgend) unter der Terz) dieselbe Tonqualität (z.B. in Takt 1: C^2 im Sopran, in Takt 2: c^1 im Tenor).

Verweise auf ähnliche Fortschreitungen

> „Das VII. Beispiel kehrt in entsprechend veränderter Gestalt [mit Sextakkorden] wieder im Beispiel XXIX und XXX[...]."[124]

---

[124] Walter Zeleny: *Die historischen Grundlagen*, S. 86.

Nr. 30

Notenbeispiel

Kommentar

Die Fundamentfolge und die Behandlung der Quinten der II. und VII. Stufe entsprechen Nr. 29. Auch dieses Beispiel kann auf einer Orgel bequem gespielt werden, beispielsweise mit dem Fußsatzmodell „Spitze links -> Absatz rechts -> Spitze rechts", das nur um eine Pedaltaste nach rechts verschoben werden muss, und zwar in einem „günstigen" Moment, wenn in beiden Händen keine Stimmbewegungen stattfinden.

Es finden sich Sextenparallelen[125] zwischen Sopran und Tenor, sowie Terzen- und Sextenparallelen zwischen Sopran und Bass.

Aufgrund der im Bass dreitönig durchmessenen Quartrahmen könnte das Notenbeispiel als Tetrachordmodell[126] bezeichnet werden (ähnlich Nr. 7)

Verweise auf ähnliche Fortschreitungen

> „Das VII. Beispiel kehrt in entsprechend veränderter Gestalt [mit Sextakkorden] wieder im Beispiel XXIX und XXX [...]."[127]

---

[125] Hartmut Fladt: „Modell und Topos im musiktheoretischen Diskurs", S. 345-346.
[126] Hartmut Fladt: „Modell und Topos im musiktheoretischen Diskurs", S. 354.
[127] Walter Zeleny: *Die historischen Grundlagen*, S. 86.

Nr. 31

Notenbeispiel

Kommentar

Die Fundament-Fortschreitungen sind unregelmäßig. Ansätze einer erkennbaren (nicht konsequent angewandten) Systematik bestehen darin, dass im ersten Teil eine taktweise Abfolge von Sextakkord zu Grundakkord erklingt, im zweiten Teil umgekehrt eine von Grundakkord zu Sextakkord. Vielleicht stellt das Beispiel eine nonverbale Ermunterung Sechters an Rezipierende dar, selbst die Wirkung der Abfolge Sextakkord-Grundakkord bzw. Grundakkord-Sextakkord im Zusammenhang mit unterschiedlichen, sich daran anschließenden Fundament-Abständen auszuprobieren und hörend zu beurteilen. Das Vorhandensein einer erkennbaren Klangfortschreitungssystematik würde von diesem mutmaßlichen Lernziel ab- und auf das Ziel einer Aneignung der erkannten Systematik hinlenken. Eine ähnliche didaktische Absicht könnte bei anderen Stücken ohne erkennbare Klangfortschreitungssystematik (etwa bei den von Zeleny erwähnten Vergleichsstücken zu Nr. 31) vorliegen. Dieselbe didaktische Intention einer Aufforderung zur Selbstbeurteilung könnte auch der Stimmführung von Takt 2 zu Takt 3 zugrunde liegen: der Leitton der Dominante bewegt sich an dieser Stelle im Sopran sekundweise abwärts, obwohl eine Aufwärtsbewegung nach c^2 keine Parallelen ergeben würde. Die mutmaßlich zugrunde liegende Denkweise eines (Theorie vorübergehend ausblendenden) Verweisens an die persönliche Beobachtung des (akustischen) Phänomens könnte beispielsweise von Goethe angeregt worden sein.[128]

---

[128] Zu denkbaren Anregungen Sechters durch Goethe siehe auch den Kommentar zu Nr. 81, sowie: Volker Lenz: *Simon Sechter: Alltagsprosa-Vertonungen*, 2021.

Die Überbindungen von Alt zu Sopran und von Tenor zu Alt in Takt 6 (sowie weitere Überbindungen dieser Art in anderen Notenbeispielen) können in diesem Sinne (wenn nicht als ein Primat des akustischen Phänomens, so doch) als Ermunterung des persönlichen Abwägens zwischen Klang und Theorie gedeutet werden.

Persönliche Entscheidungen Sechters zugunsten von Theorie (und unabhängig vom Klang) finden sich ebenfalls: etwa in Form der nicht hörbaren, aber notierten Tonverdopplung im vorletzten Takt, die (aufgrund der Stimmkombinationen der Überbindungen des gesamten Notenbeispiels) auf einem Manual zu spielen (daher nicht zu hören) ist. Nummer 31 hat dieselbe Fundamentfortschreitung wie Nr. 32.

Verweise auf ähnliche Fortschreitungen

„Das VIII. [Beispiel kehrt in entsprechend veränderter Gestalt [mit Sextakkorden] wieder] im XXXI. und XXXII. [Beispiel]."[129]

---

[129] Walter Zeleny: *Die historischen Grundlagen*, S. 86.

Nr. 32

Notenbeispiel

Kommentar

Von Takt 2 zu 3 sind sowohl die Fortschreitung Dominante-Subdominante, als auch die Leittonverdopplung und -auflösung bemerkenswert. Mögliche Deutungen satztechnischer Regelabweichungen wurden bei dem Kommentar zu Nr. 31 erwähnt.

Bei der Überbindung zwischen Takt 2 und 3 handelt es sich wahrscheinlich um einen Druckfehler. In weiteren Varianten dieser Nr. 32 steht der Bogen zwischen Takt 1 und 2 beim Ton g^1. Nr. 32 hat dieselbe Fundament-Fortschreitung wie Nr. 31.

Verweise auf ähnliche Fortschreitungen

„Das VIII. [Beispiel kehrt in entsprechend veränderter Gestalt [mit Sextakkorden] wieder] im XXXI. und XXXII. [Beispiel]."[130]

---

[130] Walter Zeleny: *Die historischen Grundlagen*, S. 86.

Nr. 33

Notenbeispiel

Kommentar

Fundamentfolge: C D A H   Fis H E A D G C F   G C
                                Quintfall

In Sopran und Bass finden sich Terzen- bzw. abwechselnd Terzen- und Sextenparallelen.[131] In beiden Außenstimmen finden hier, (zumeist) taktweise abwechselnd, chromatische Melodie-Fortschreitungen in der jeweils zweiten Takthälfte statt, die einen Wechsel der Zusammenklangsintervalle der Außenstimmen bewirken: aus großen werden kleine, aus kleinen werden große Terzen (Dezimen) bzw. Sexten (Tredezimen). Die Klang-Fortschreitung kann in Teilen als Skalen-Modell[132] bzw. als Passus duriusculus[133] bezeichnet werden.

Verweise auf ähnliche Fortschreitungen

> „Die Beispiele XXXIII und XXXIV bringen chromatische Durchgänge. Diese sind in den *Grundsätzen* (Bd. 1) von S. 119 an behandelt."[134]

---

[131] Hartmut Fladt: „Modell und Topos im musiktheoretischen Diskurs", S. 345-346.
[132] Hartmut Fladt: „Modell und Topos im musiktheoretischen Diskurs", S. 354.
[133] Hartmut Fladt: „Modell und Topos im musiktheoretischen Diskurs", S. 358.
[134] Walter Zeleny: *Die historischen Grundlagen*, S. 86.

Nr. 34

Notenbeispiel

Kommentar

Es findet sich hier eine Kombination aus Quintfall und Terzfall, auch beschreibbar als: Quintfälle, die um eine Sekunde aufwärts verschoben werden:

Fundamentfolge: CF   DG   EA   FH   GC,

bzw. als chromatisierte Form eines Skalen-Modells[135], als Passus durisuculus[136] oder als Hexachordmodell (ähnlich Nr. 29).

An den Taktanfängen stehen jeweils leitereigene Dreiklänge (abwechselnd Sext- und Grundakkorde). Die Melodien von Bass, Tenor und Alt verlaufen in Form von Ausschnitten aus einer chromatisierten Dur-Tonleiter aufwärts, wobei leitereigene kleine Sekunden unverändert bleiben, leitereigene große Sekunden hingegen (in der jeweils zweiten Takthälfte) chromatisch ausgefüllt werden. Diese Chromatisierungen finden systematisch in der Reihenfolge Alt, Tenor, Bass statt. Dabei wird der chromatisierte Ton entweder

---

[135] Hartmut Fladt: „Modell und Topos im musiktheoretischen Diskurs", S. 354.
[136] Hartmut Fladt: „Modell und Topos im musiktheoretischen Diskurs", S. 358.

Terz eines (zwischendominantischen) Durdreiklanges oder Quinte eines übermäßigen Dreiklanges. Diese Quinte wird:

- bei einem Quintfall der Fundamente zum Leitton der nachfolgenden Akkordterz,
- bei einem Terzfall der Fundamente zum Leitton des nachfolgenden Grundtones.

Zwischen Sopran und Bass finden sich Sexten- und Terzenparallelen, zwischen Alt und Bass Terzenparallelen.[137]

Verweise auf ähnliche Fortschreitungen

„Die Beispiele XXXIII und XXXIV bringen chromatische Durchgänge. Diese sind in den *Grundsätzen* (Bd. 1) von S. 119 an behandelt."[138]

---

[137] Hartmut Fladt: „Modell und Topos im musiktheoretischen Diskurs", S. 345-346.
[138] Walter Zeleny: *Die historischen Grundlagen*, S. 86.

Nr. 35

Notenbeispiel

Kommentar

Dieses zweite Notenbeispiel in Moll kann in seiner ersten Hälfte als Dur-Moll-Parallelismus (bzw. als „chiastischer Moll-Dur-Parallelismus"[139]) bezeichnet werden (wieder wird in den folgenden Funktionsbezeichnungen nur zwischen tonikalen und dominantischen Akkorden unterschieden):

Akkorde:	a	E	C⁵#	F
Funktionen:	t	(D)	(D)	T

←

Möglicherweise ging es Sechter darum, den in den vorausgegangenen Notenbeispielen enthaltenen übermäßigen Dreiklang hier als spielpraktisch aus (der Dominante) der Molltonleiter ableitbar darzustellen. Mit der Sechterschen Klangfolge lassen sich fünf (in der Intervallkonstellation der ersten fünf Töne einer Molltonleiter) sekundweise aufwärts verlaufende Töne harmonisieren, so dass die Bezeichnung Skalen-Modell[140] angemessen erscheint. Zwischen Alt und Bass finden sich Sextenparallelen.[141]

Verweise auf ähnliche Fortschreitungen

„Das XXXV. Beispiel entspricht dem Mollbeispiel (XI)."[142]

---

[139] Hartmut Fladt: „Modell und Topos im musiktheoretischen Diskurs", S. 347.
[140] Hartmut Fladt: „Modell und Topos im musiktheoretischen Diskurs", S. 354.
[141] Hartmut Fladt: „Modell und Topos im musiktheoretischen Diskurs", S. 345-346.
[142] Walter Zeleny: *Die historischen Grundlagen*, S. 87.

Nr. 36

Notenbeispiel

Literaturhinweise

„Interessant ist das enharmonische Beispiel XXXVI, das seine harmonische Begründung in dem Abschnitt der Grundsätze findet, der vom Zwitterakkord handelt (Bd. 1, § 17, S. 146 ff.). Es gelten nicht wie bei dem Beispiel LVI die Fundamente der Taktanfänge, sondern die hier beigefügten [bei dem obigen Notenbeispiel wiedergegebenen], die größtenteils verschwiegen sind, was gerade zum Wesen des Zwitterakkordes gehört."[144]

Kommentar

Nach den Fundament-Bezeichnungen Walter Zelenys findet innerhalb eines jeden der ersten vier Takte ein doppelter Terzfall statt, bei jedem dieser Taktübergänge ein Quintfall. Es folgen in diesen Takten jeweils aufeinander: zwei Grundakkorde, dann zwei Sextakkorde:

- in Takt 1: Dur, Übermäßig, Moll-Sextakkord, Übermäßiger Sextakkord,
- in Takt 2 bis 4: Dur, Dur, Moll-Sextakkord, Übermäßiger Sextakkord.

In Takt 4 wird das in den Takten 2 und 3 etablierte jeweils zweimalige Erklingen desselben Durakkordes (verbunden jeweils mit einem Wechsel von einer Grundtonverdopplung hin zu einer Quintverdopplung) zu einer enharmonischen Umdeutung von Gis-Dur nach As-Dur genutzt.

---

[143] Walter Zeleny: *Die historischen Grundlagen*, S. 87.
[144] Walter Zeleny: *Die historischen Grundlagen*, S. 87.

NR. 36

Nr. 36 kann bezeichnet werden:

- insgesamt: als Modulation von Ces-Dur nach C-Dur,
- in den Takten 1 bis 5: als viermalige Modulation um eine kleine Sekunde (übermäßige Prime) abwärts,
- als Lamento-Bewegung[145] der Außenstimmen in Dezimenparallelen.[146]
- als Passus duriusculus.[147]

---

[145] Hartmut Fladt: „Modell und Topos im musiktheoretischen Diskurs", S. 357-358.
[146] Hartmut Fladt: „Modell und Topos im musiktheoretischen Diskurs", S. 345-346.
[147] Hartmut Fladt: „Modell und Topos im musiktheoretischen Diskurs", S. 358.

Nr. 37

Notenbeispiel

Kommentar

Die Klangfolge könnte folgendermaßen beschrieben werden:

- Vom beginnenden Es-Durakkord aus findet (in der Art einer 5 – 6 – Consecutive[149]) ein Terzfall des Fundamentes hin zum Sextakkord der Mollsubdominante C-Dur (der Tonart G-Dur) statt. Von dieser Mollsubdominante aus erklingt eine – in Form des übermäßigen Sextakkordes – chromatisierte phrygische Wendung in der Tonart G-Dur.
- Von G-Dur aus beginnt derselbe Vorgang (Terzfall zu e-Moll, chromatisierte phrygische Wendung in H-Dur).
  Es handelt sich demnach um zwei Modulationen um jeweils eine große Terz aufwärts: Es-Dur → G-Dur → H-Dur, also um einen Großterzzirkel.[150] Die nächste Modulation würde von H-Dur wieder zurück zur „Ausgangstonart" Dis-Dur (bzw. enharmonisch umgedeutet: Es-Dur) führen.
- Falls die Achtelnoten jeweils als Durchgangsnoten angesehen werden, die keine Auswirkung auf die Fundamentfolge haben, könnte es sich (in Anlehnung an eine Interpretation Hartmut Fladts – eines Stückes aus Robert

---

[148] Walter Zeleny: *Die historischen Grundlagen*, S. 87.
[149] Hartmut Fladt: „Modell und Topos im musiktheoretischen Diskurs", S. 356-357.
[150] Hartmut Fladt: „Modell und Topos im musiktheoretischen Diskurs", S. 364.

NR. 37

Schumanns *Dichterliebe*) um einen Dur-Dur-Parallelismus (zwischen den Fundamentpaaren D-G und Fis-H) handeln, bei dem eine „[…] Erweiterung auf Dreigliedrigkeit durch die jeweilige ‚phrygisch'-subdominantische Antepenultima […]"[151] vorliegt. Die grundsätzliche Frage der Plausibilität begrifflicher Etikettierungen (hier: als „Dur-Dur-Parallelismus") im Falle von Norm-Abweichungen wird beispielsweise im Kommentar zu Nr. 87 gestellt.

---

[151] Hartmut Fladt: „Modell und Topos im musiktheoretischen Diskurs", S. 348.

Nr. 38

Notenbeispiel

Überschrift Sechters

„Quartsextaccord hat: 8 6 6
6 4 6
4, 4, 4."[152]

Literaturhinweise

„Das Beispiel XXXVII [muss wohl XXXVIII heißen] harmonisiert mit Hilfe der neuen Umkehrung [mit Hilfe des Quartsextakkordes] die absteigende Skala [.]"[153]

In Zelenys Text[154] wurden auf Seite 88 die Notenbeispiele (XXXVIII und LI) vertauscht.

Kommentar

Die Klangfolge kann als (zweimalige komplette) Quintfallsequenz (abwechselnd mit Grundakkorden und Quartsextakkorden) und als Skalen-Modell[155] beschrieben werden. Die Quinten der II. und VII. Stufe werden dabei (sowohl, wenn sie im Bass liegen, als auch in einer Oberstimme) regulär behandelt. Zwischen Sopran und Alt finden sich Terzen- Sextenparallelen, zwischen Sopran und Bass Terzenparallelen[156] (mit einer superjectio-artigen Melodiebewegung).

---

[152] Simon Sechter: *Praktische Generalbassschule*, S. 27.
[153] Walter Zeleny: *Die historischen Grundlagen*, S. 88.
[154] Walter Zeleny: *Die historischen Grundlagen*, S. 88.
[155] Hartmut Fladt: „Modell und Topos im musiktheoretischen Diskurs", S. 354.
[156] Hartmut Fladt: „Modell und Topos im musiktheoretischen Diskurs", S. 345-346.

Nr. 39

Notenbeispiel

Kommentar

Es handelt sich wie bei Nr. 38 um eine zweimalige Quintfallsequenz (mit vertauschten Positionen der Grund- und Quartsextakkorde im Vergleich zu Nr. 38), die ebenfalls wieder als Skalen-Modell[157] beschrieben werden kann. Nicht ersichtlich wird, warum der Keil über der Ziffer 5 beim verminderten Grundakkord in diesem Notenbeispiel geschrieben wird, im vorherigen (Nr. 38) hingegen nicht. Ebenfalls unklar bleibt, warum Sechter „3" beziffert (weder kann eine Stimmführungs-, noch eine Lageninformation beabsichtigt sein).

Verweise auf ähnliche Fortschreitungen

> „Das Beispiel XXXIX bringt die Harmoniefolge des II; ebenso das XL[.], dieses aber mit Ausweichungen statt mit starrem Festhalten an C-Dur."[158]

---

[157] Hartmut Fladt: „Modell und Topos im musiktheoretischen Diskurs", S. 354.
[158] Walter Zeleny: *Die historischen Grundlagen*, S. 88.

Nr. 40

Notenbeispiel

Kommentar

Es handelt sich sowohl um eine Quintfallsequenz, als auch um drei Modulationen (die jeweils um eine – in der Ausgangsdurtonart leitereigene – Terz abwärts führen), bei denen abwechselnd Moll- und Durtonarten erreicht werden, bzw. tonikale Moll- und Durakkorde auftreten. Die Klangfolge könnte daher als Ausweitung des Moll-Dur-Parallelismus aufgefasst werden: jeder tonikale Akkord wird (über den auf ihn bezogenen dominantischen Akkord – seine V. Stufe – hinausgehend) auch noch von seiner VI. und II. Stufe begleitet:

```
C   I   IV
a       VI   II   V   I   IV
F                         VI   II   V   I   IV
d                                        VI   II   V   I

Fundamente:   C F H E    A D G C    F B E A    D G C
Tonarten:     C          a          F          d
```

Die grundsätzliche Frage der Plausibilität begrifflicher Etikettierungen (hier: als „Moll-Dur-Parallelismus") im Falle von Norm-Abweichungen wird beispielsweise im Kommentar zu Nr. 87 gestellt.

Nr. 40

Verweise auf ähnliche Fortschreitungen

„Das Beispiel XXXIX bringt die Harmoniefolge des II; ebenso das XL[.], dieses aber mit Ausweichungen statt mit starrem Festhalten an C-Dur."[159]

---

[159] Walter Zeleny: *Die historischen Grundlagen*, S. 88.

Nr. 41

Notenbeispiel

Kommentar

Die Klangfolge kann beschrieben werden als Kombination von Quintfall und Terzfall, bei der jedes auf diese Weise (von C aus) erreichte Fundament (F D G) als Grund- und Sextakkord erscheint. Der zwischen diesen Basstönen jeweils liegende leitereigene Ton wird als Quinte des jeweiligen Durchgangsdominantdreiklangs-quartsextakkordes harmonisiert, so dass eine Pendelharmonik[160] (um eine Quinte aufwärts) mit der Dominante entsteht:

Fundamente: C G C   F C F   D A D   G D G   C F C F C,

bei der dem circolo mezzo des Basses ein weiterer (in der Umkehrung des ersteren) in einer der Oberstimmen – hier taktweise abwechselnd in Tenor und Alt – gegenüber stehen kann.

Über dem Tonikagrundton findet sich am Schluss eine Pendelharmonik[161] (um eine Quinte abwärts) mit der (angehängten) Subdominante. Ausgehend davon wird die (für die Spielpraxis bemerkenswerte) Regelmäßigkeit erkennbar, dass beide Pendelharmonik-Varianten (auf- und abwärts) über liegen bleibendem Basston als pendelndes Sextengerüst[162] in den Oberstimmen (zwischen Tenor und Sopran) aufgefasst („begriffen") werden können, an das innen eine Terz anlagert wird:

---

[160] Hartmut Fladt: „Modell und Topos im musiktheoretischen Diskurs", S. 362-363.
[161] Hartmut Fladt: „Modell und Topos im musiktheoretischen Diskurs", S. 362-363.
[162] Hartmut Fladt: „Modell und Topos im musiktheoretischen Diskurs", S. 345-346.

NR. 41

- bei aufwärts gehender Pendelharmonik oberhalb des unteren Tones,
- bei abwärts gehender Pendelharmonik unterhalb des oberen Tones,

die bei der Pendelbewegung des Sextengerüstes unbewegt bleibt.

Die Quinte der II. Stufe (in Takt 3) wird vorbereitet, allerdings aufwärts weiterbewegt.

Nr. 42

Notenbeispiel

Kommentar

Es handelt sich um dieselbe Fundamentfortschreitung, wie in Nr. 41.

Vorgestellt wird eine Pendelharmonik[163] mit (relativ betontem) Vorhaltsquartsextakkord, im Gegensatz zu den Umkehrungsquartsextakkorden (sekundweisen Wechsel- und Durchgangsquartsextakkorden) in Nr. 41., allerdings auch mit weiteren Verwendungsmöglichkeiten von Umkehrungsquartsextakkorden (als akkordischen Wechselquartsextakkorden) im vorletzten Takt:

- auf „1 und" unbetont,
- auf „3" relativ betont.

Die Quinte der II. Stufe wird regulär behandelt.

---

[163] Hartmut Fladt: „Modell und Topos im musiktheoretischen Diskurs", S. 362-363.

Nr. 43

Notenbeispiel

Kommentar

Es handelt sich um eine Kombination aus Terzanstieg und Quintfall der Fundamente:

C EA CF AD GC.

Florian Edler weist darauf hin, dass es sich um einen abwärts verlaufenden Dur-Moll-Parallelismus ohne Sekundschritte der Fundamente handelt.[164] Darüber hinaus kann die Klangfolge auch als Skalen-Modell[165] beschrieben werden. Die Quinte der II. Stufe wird in der Schluss-Kadenz regulär behandelt. Zwischen Sopran und Alt finden sich Terzen- und Sextenparallelen, zwischen Sopran und Bass Terzenparallelen.[166]

Verweise auf ähnliche Fortschreitungen

„Vgl. Sechter, *Praktische Generalbassschule*, S. 9, 21f., 31, 35, 38, 43–46, 60, 66, 69, 74, 79f."[167]

---

[164] Florian Edler: *Anton Bruckner und Simon Sechter*, S. 104.
[165] Hartmut Fladt: „Modell und Topos im musiktheoretischen Diskurs", S. 354.
[166] Hartmut Fladt: „Modell und Topos im musiktheoretischen Diskurs", S. 345–346.
[167] Florian Edler: *Anton Bruckner und Simon Sechter*, S. 104.

Nr. 44

Notenbeispiel

Kommentar

Die Fundamentfolge entspricht derjenigen von Nr. 43. Florian Edler weist darauf hin, dass es sich um einen abwärts verlaufenden Dur-Moll-Parallelismus ohne Sekundschritte der Fundamente handelt.[168] Wie auch in anderen Notenbeispielen der *Praktischen Generalbassschule* erscheint aufgrund der weiten Lagen die Realisierung mit:

- Linke Hand: Bassstimme
- Rechte Hand: Tenor, Alt, Sopran

kaum möglich. Wahrscheinlich stellte sich Sechter vor:

- Linke Hand: Bass (und, falls notwendig: Tenor)
- Rechte Hand: Sopran, Alt (und, falls möglich: Tenor),

oder:

- Pedal: Bassstimme
  Oberstimmen in beiden Händen.

Verweise auf ähnliche Fortschreitungen

„Vgl. Sechter, *Praktische Generalbassschule*, S. 9, 21f., 31, 35, 38, 43-46, 60, 66, 69, 74, 79f."[169]

---

[168] Florian Edler: *Anton Bruckner und Simon Sechter*, S. 104.
[169] Florian Edler: *Anton Bruckner und Simon Sechter*, S. 104.

Nr. 45

Notenbeispiel

Kommentar

Die Klangfolge kann beschrieben werden als Kombination von Fundamentfortschreitungen um eine Sekunde aufwärts und eine Terz abwärts:

C D   H C   A H   G A   F G   E F   G C

bzw.

C   D H   C A   H G   A F   G E   F G C,

bzw. als Skalen-Modell.[170] Zwischen Sopran und Tenor finden sich Sextenparallelen.[171] Die Quinten der II. und VII. Stufe werden sekundweise aufwärts erreicht und verlassen.

---

[170] Hartmut Fladt: „Modell und Topos im musiktheoretischen Diskurs", S. 354.
[171] Hartmut Fladt: „Modell und Topos im musiktheoretischen Diskurs", S. 345-346.

Nr. 46

Notenbeispiel

Kommentar

Es handelt sich wieder um eine Kombination aus Quintfall und Terzfall:

C F D G E A F H G C.

Der vorletzte Ton im Sopran fehlt in der (für die hier vorliegende Arbeit verwendeten vierstimmigen Version der) *Praktischen Generalbassschule*. Er wurde ergänzt. Warum Sechter im Sopran teilweise Punktierungen, teilweise Überbindungen schreibt, bleibt unklar. Die Quinte der VII. Stufe wird sprungweise erreicht und (mit übermäßigem Quartsprung aufwärts) verlassen, wahrscheinlich, um auf jeder „1" zwischen Bass und Tenor Terzzusammenklänge zu bekommen, deren Folge als unterbrochene Terzparallelen[172] bezeichnet werden könnten. Es finden sich doppelte Tastenbelegungen.

---

[172] Hartmut Fladt: „Modell und Topos im musiktheoretischen Diskurs", S. 345-346.

Nr. 47

Notenbeispiel

Kommentar

Es handelt sich um eine Folge von elf Fundamenten, die in Quintabständen zueinander stehen. Diese Quintabstände steigen bis zum zahlenmäßig mittleren (sechsten) Fundament an und fallen von dort ausgehend wieder ab:

Fundamente: C G D A E   H   E A D G C

Von daher besteht eine Ähnlichkeit mit Nr. 9. Das Notenbeispiel kann als (chromatisierte, abwärts gerichtete – daher auch als Lamento-Bass[173], bzw. als Passus duriusculus[174], bzw. als gleichzeitige chromatisch absteigende Melodiebewegung in mehreren Stimmen auffassbare) Variante eines Skalen-Modells[175] bezeichnet werden. Der Oktavrahmen im Bass könnte bei dieser Fundament-Folge tatsächlich vollständig chromatisch durchlaufen werden, wenn im viertletzten Takt ein übermäßiger Sextakkord (es-g-cis), im vorletzten Takt ein G-Dur Akkord mit verminderter Quinte im Bass (des-(f)-g-h), und im letzten Takt ein C-Dur Grundakkord gewählt würde. Zwischen Sopran und Bass finden sich Terzenparallelen, zwischen Alt und Bass Terzenparallelen.[176]

---

[173] Hartmut Fladt: „Modell und Topos im musiktheoretischen Diskurs", S. 357-358.
[174] Hartmut Fladt: „Modell und Topos im musiktheoretischen Diskurs", S. 358.
[175] Hartmut Fladt: „Modell und Topos im musiktheoretischen Diskurs", S. 354.
[176] Hartmut Fladt: „Modell und Topos im musiktheoretischen Diskurs", S. 345-346.

Nr. 48

Notenbeispiel

Kommentar

Es handelt sich (im Anschluss an den beginnenden Quintanstieg des Fundamentes) wieder um eine Kombination aus Terzfall und Quintfall der Fundamente:

A E   C   F   D   G   E   A

Die Quinte der II. Stufe wird sekundweise aufwärts weiterbewegt, die der „VII." regulär (was als Indiz dafür gedeutet werden könnte, dass Sechter hier an eine V. Stufe mit verschwiegenem Fundament-Ton (G) dachte, den Ton f^1 daher als Septime behandelte). Weiteren Forschungen bleibt vorbehalten, zu überprüfen, ob eine solche unterschiedliche Beurteilung (als VII., bzw. als V. Stufe) auch in anderen Notenbeispielen als Ursache für eine reguläre bzw. irreguläre Behandlung interpretiert werden kann. Aufgrund der Undezimenabstände zwischen Tenor und Bass stellt sich die Frage der instrumentalpraktischen Realisierung.

Nr. 49

Notenbeispiel

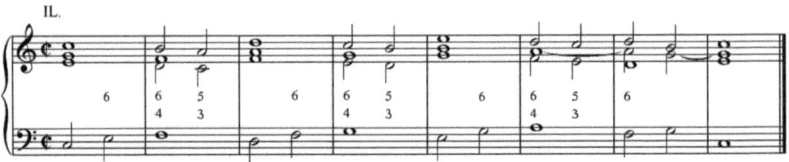

Literaturhinweise

>„Der Quartsextakkord entspricht den in den *Grundsätzen* gegebenen Regeln (Bd. I, T. 1, § 4, b, S. 14); wo ein Fall dem zu widersprechen scheint, etwa das Beispiel IL (S. 33 der Generalbaßschule), findet es seine Erklärung als ‚unregelmäßiger Durchgang' (*Grundsätze*, Bd. I, T. 1 [,] § 28, S. 42)."[177]

Kommentar

Es handelt sich wieder um eine Kombination aus Quintfall und Terzfall, ab Fundament E ausschließlich um Quintfälle:

Fundamente: C   F   D   G   E   A   D   G   C

Aufgrund der von Walter Zeleny angedeuteten „unregelmäßigen Durchgänge" ist etwa der Übergang von Takt 1 zu Takt 2 nicht als sekundweise Fundamentfolge C → H zu interpretieren. Zwischen Sopran und Tenor finden sich Sextenparallelen.[178] Aufgrund der Bassrahmen könnte das Notenbeispiel (ähnlich Nr. 7 und 30) als Tetrachordmodell[179] bezeichnet werden.

---

[177] Walter Zeleny: *Die historischen Grundlagen*, S. 94.
[178] Hartmut Fladt: „Modell und Topos im musiktheoretischen Diskurs", S. 345-346.
[179] Hartmut Fladt: „Modell und Topos im musiktheoretischen Diskurs", S. 354.

Nr. 50

Notenbeispiel

Kommentar

In diesem Fall werden Terzanstieg und Quintfall kombiniert:

C E A   A C F   F A D   G C

Die Fundamentfolge von E bis D kann auch als Moll- Dur-Parallelismus gedeutet werden:

Fundamente:	C	E	A	C	F	A	D	G	C
Funktionen:		(D)	t	(D)	T	(D)	t		

Auffällig ist das Nichtvorhandensein eines Harmoniewechsels bei einigen Taktübergängen. Wenn ein Harmoniewechsel angenommen wird:

- könnten die Akkorde auf der „1" der Takte 2 und 3 als Akkorde mit Sextvorhalten im Bass interpretiert werden:
- Takt 2 auf „1": C-Dur mit Grundtonverdopplung,
- Takt 3 auf „1": a-Moll mit Grundtonverdopplung (auf „2": A-Dur),
- könnte ein solches Verhalten Sechters als nonverbale Warnung (vor der Mehrdeutigkeit von Klängen) interpretiert werden, bzw. als nonverbaler Hinweis (dass Klänge nicht ohne Berücksichtigung ihres Kontextes gedeutet werden sollten).

NR. 50

Zwischen Sopran und Tenor finden sich abschließende Sextenparallelen[180] (die an die Nummern 36 und 41 erinnern), zwischen Sopran und Bass anfangs Terzenparallelen, sowie zwischen Tenor und Bass Terzenparallelen zwischen den Taktanfängen.

---

[180] Hartmut Fladt: „Modell und Topos im musiktheoretischen Diskurs", S. 345-346.

Nr. 51

Notenbeispiel

Überschrift Sechters

„Septaccord hat: 7 8 7
5 7 3
3 , 3 , 3."[181]

Literaturhinweise

Zeleny gibt einen Überblick über die Verwendung des Sept-, des Non- und des Septnonakkordes in der *Practischen Generalbassschule*:

> „Der Septakkord erscheint zunächst durchgehend, dann durch den Quint-, bzw. Terzsprung des Fundaments nach abwärts entstanden, d.h. mit Vorbereitung der Septime durch die Quinte bzw. Terz (Harmoniefolge wie in den Beispielen II und III). [...] Mit Beispiel LXIX beginnt (S. 45) der Terzquartakkord, mit Beispiel LXXVII (S. 52) der Sekundakkord. Auch hier ergeben sich verschiedene Möglichkeiten der Harmonisierung der auf- oder absteigenden Skala. [...] Der Nonakkord [...] wird ab Beispiel LXXXIII (S. 57) gezeigt, der Septnonakkord [...] ab Beispiel IXC (S. 62) bis VC (S. 65)."[182]

Kommentar

Es handelt sich hier um eine Quintfallsequenz, bei der taktweise abwechselnd Akkorde mit und ohne Quinte entstehen. Die Quinte der VII. Stufe wird regulär behandelt, die der II. fehlt. Zwischen Sopran und Alt finden sich an den Taktanfängen abwechselnd Terzen und Sexten[183].

---

[181] Simon Sechter: *Praktische Generalbassschule*, S. 34.
[182] Walter Zeleny: *Die historischen Grundlagen*, S. 88-89.
[183] Hartmut Fladt: „Modell und Topos im musiktheoretischen Diskurs", S. 345-346.

Nr. 52

Notenbeispiel

Kommentar

Es handelt sich ebenfalls um eine Quintfallsequenz, bei der taktweise abwechselnd Akkorde mit und ohne Quinte entstehen (die Quinte der VII. Stufe wird wieder regulär behandelt, die der II. fehlt wieder). Der erste Takt stellt eine Verbindung zur vorhergehenden Nr. 51 dar, in der die Septime ebenfalls von der Oktave erreicht wurde. Hier wird nun die Möglichkeit der Vorbereitung des Septime durch Liegenlassen vorgestellt: die Terz des jeweils vorausgegangenen Akkordes wird durch Liegenlassen zur neuen Septime, die sich wiederum in die Terz des nachfolgenden Akkordes auflöst.

Zwischen Alt und Tenor finden sich Terzenparallelen[184], zwischen Sopran und Tenor, sowie zwischen Sopran und Bass eine Syncopatio-Kette.[185] Die Bassmelodie könnte als zwei ineinandergeschobene Quartrahmen (c^1 bis g und f bis c) aufgefasst werden, insofern als Tetrachordmodell[186] (ähnlich Nr. 51).

---

[184] Hartmut Fladt: „Modell und Topos im musiktheoretischen Diskurs", S. 345-346.
[185] Hartmut Fladt: „Modell und Topos im musiktheoretischen Diskurs", S. 351-352.
[186] Hartmut Fladt: „Modell und Topos im musiktheoretischen Diskurs", S. 354.

Nr. 53

Notenbeispiel

Literaturhinweise

> „Sehr frei ist die falsche Quint behandelt, die oft nicht vorbereitet ist und nicht stufenweise fallend aufgelöst, sondern sogar sprungweise erreicht und verlassen wird, was etwa im vorletzten Takte des Beispiels LIII (S. 35) einen ausgesprochen hässlichen Klang ergibt […]."[187]

Kommentar

Hier kombiniert Sechter wieder Terz- und Quintfälle der Fundamente:

C A D H E C F D G E A F H G C.

Die Klangfolge aus fünfzehn Akkorden könnte auch als Variante eines Skalen-Modells[188] aufgefasst werden, bei der die ungerade nummerierten Akkorde (Dreiklänge) jeweils von einem metrisch unbetonten quinthöheren Septakkord (zwischendominantähnlich) begleitet bzw. angesteuert werden.

Die Quinten der Septakkorde der VII. und II. Stufe werden durch Liegenlassen vorbereitet und sekundweise abwärts „aufgelöst", in die Quinten der entsprechenden Dreiklänge springt Sechter (bzw. die von ihm geschriebene Stimme) hinein, bewegt beide jedoch sekundweise abwärts weiter.

---

[187] Walter Zeleny: *Die historischen Grundlagen*, S. 98.
[188] Hartmut Fladt: „Modell und Topos im musiktheoretischen Diskurs", S. 354.

NR. 53

Sechters Absicht bei den Viertelnoten der Oberstimmen könnte gewesen sein, dass sie:

- im vorletzten Takt eine Doppelbelegung der Taste „h" durch die linke und rechte Hand verhindern
  (sie können von daher an dieser Stelle als notwendig beurteilt werden),
- in den Takten 4 und 6 einen nonverbalen kompositorischen Ratschlag geben:
  Eine Stimmführungsnotwendigkeit (wie die Viertelbewegung im vorletzten Takt) kann:
    - durch ihre (hinsichtlich der Stimmführung nicht notwendige) „Vor-Imitation" an anderer Stelle unauffälliger werden (also weniger aus dem Kontext hervorstechen),
    - zum Ausgangspunkt kompositorischer (motivischer) Arbeit werden.
  Die Viertelbewegung in den Takten 4 bis 6 ist nicht nur hinsichtlich der Stimmführung nicht notwendig, sie verhindert darüber hinaus sogar die konsequente Anwendung einer für die Spielpraxis mutmaßlich interessanten, da einfachen Systematik der drei Oberstimmen, die darin besteht, dass die rechte Hand (isoliert vom Bass betrachtet) mehrmals die Abfolge: Grundakkord, Quartsextakkord, Sextakkord (bzw.: Quintlage, Terzlage, Oktavlage) greift. Sechter liefert also beide Informationen: die Möglichkeit der schematischen Griff-Wiederholung und die begründete Abweichung vom Schematischen.

Die Bassmelodie kann als zwei in Terzen parallel verlaufende Stimmen aufgefasst werden, die jeweils an ein Skalen-Modell erinnern. Es findet sich eine Mehrfachbelegung einer Taste.

Nr. 54

Notenbeispiel

Kommentar

Mit diesem Notenbeispiel stellt Sechter eine weitere Fundament-Fortschreitung vor, die eine sekundweise Abwärtsauflösung der Septime[189] gestattet: den Sekundschritt aufwärts. Die Klangfolge kann als Skalen-Modell[190] mit abschließendem Quintfall beschrieben werden. Alle Oberstimmen bewegen sich (in Teilen) – in Gegenbewegung zum Bass – sekundweise abwärts, der Tenor komplett. Die (zur Vermeidung von Quintparallelen) notwendige Unterbrechung der Tenor-Abwärtsbewegung (von g^1 zu a^1) um eine Viertelnote (den Ton f^1, der – dem in den ersten drei Takten

---

[189] Da sowohl:
- Septimen-Vorbereitungen durch Liegenlassen, als auch
- sekundweise abwärts gerichtete Septimen-Auflösungen

jeweils ausschließlich durch die drei Fundament-Bewegungen:
- Terzfall,
- Quintfall (= „doppelter Terzfall") und
- Sekundanstieg (= „dreifacher Terzfall")

ermöglicht werden, erscheint der Gedanke nahe liegend, dass Musik, die Septimen unter den beiden genannten Bedingungen verwendet, diese drei Fundament-Bewegungen mutmaßlich vermehrt aufweist, im Vergleich:
- zu den drei übrigen Fundament-Bewegungsmöglichkeiten (Terz- und Quintanstieg, Sekundfall),
- zu Musik, die:
  - keine Septakkorde verwendet,
  - Septakkorde ohne die genannten Bedingungen der Vorbereitung und Auflösung verwendet.

[190] Hartmut Fladt: „Modell und Topos im musiktheoretischen Diskurs", S. 354.

NR. 54

vorgestellten Rhythmus-Modell „Viertel-Viertel-Halbe-Halbe" gemäß – auf der „1" von Takt 4 erscheinen müsste) wird eilends in Form von zwei Achteln aufgeholt, die den Eintritt des Tones d^1 auf der „1" des nächsten Taktes gestatten, so, als wenn das dargestellte Rhythmusmodell keine Beschädigung erlitten hätte. Diese Achtel erscheinen somit durch den Wunsch Sechters nach einer diastematisch und rhythmisch möglichst konsequenten Tonleiter-Durchschreitung motiviert. Die Quinte der II. Stufe wird sekundweise von oben erreicht. Die Vorbereitung der Septime (8 →7) erfolgt nacheinander in Tenor, Alt und Sopran.

Nr. 55

Notenbeispiel

Kommentar

Die Bezifferung „8 7 5" kann als „Darstellung in Ziffern" der bereits in Nr. 54 vorgestellten Vorbereitung einer Septime (durch Sekund-Anschluss von oben, von der 8) und ihrer Auflösung (in die Quinte („5") des nächsten Akkordes) aufgefasst werden.

Aufgrund:

- dieser gegebenen Auffassungsmöglichkeit,
- der Nähe zu Nr. 54,
- der ausdrücklichen Unterscheidung Sechters zwischen:
  - einerseits: der zweimalige Folge „8 7 5" und
  - andererseits: der Folge „8 7" des Schlusses (die fehlende Ziffer müsste „3" lauten, da sich bei einem Quintfall die Septime in die Terz des Folgeakkordes auflöst),

erscheint es nahe liegend, bei den Folgen „8 7 5" jeweils einen Sekund-Anstieg anzunehmen, mithin die Fundament-Folge zu verstehen als:

C   E (mit 6-5 Vorhalt)   F   G   C,

also als zweimaligen Sekund-Anstieg der Fundamente.

NR. 55

Das Notenbeispiel zeigt (von Sechter eventuell gewollt) die Möglichkeit auf, mit Fundamenten zu „jonglieren", bis ein persönlich gewünschtes Resultat vorliegt:

- Falls etwa (gedanklich ausgehend von einer Kadenz „T-S-D-T") in der zweiten Hälfte von Takt 2 ein Fundament „D" „angenommen" würde, „damit" dem Notenbeispiel eine Schlusswendung mit doppeltem Quintfall bescheinigt werden kann, stellt sich die Frage, warum nicht auch auf den anderen beiden Takthälften eigene Fundamente (jeweils „E") „angenommen" werden sollten. Die Fundamentfolge lautete in diesem Fall:
  C E   F D   G E   C.
- Um aber „eigentlich nicht erlaubte" Sekundanstiege auszuschließen, könnte anschließend einfach wieder auf das „Mitdenken" des Fundamentes „E" in Takt 1 „verzichtet" werden. Es ergäbe sich die Fundamentfolge:
  C   F D   G E   C.
- Nunmehr könnte, um einem Schluss-Quintfall nicht im Weg zu stehen, auch das „Mitdenken" des verbliebenen Fundamentes „E" in Takt 3 wieder unterlassen werden, so dass die „passende" Fundament-Folge:
  C   F D   G   C
  übrig bliebe.

Falls es sich in der zweiten Hälfte von Takt 2 um das Fundament „D" handeln sollte, könnte ihm jedenfalls eine reguläre Quintbehandlung attestiert werden. Zwischen Sopran und Alt, sowie zwischen Alt und Tenor, finden sich Terzenparallelen, zwischen Sopran und Tenor Sextenparallelen.[191]

---

[191] Hartmut Fladt: „Modell und Topos im musiktheoretischen Diskurs", S. 345-346.

Nr. 56

Notenbeispiel

Literaturhinweise

> „Andere Sätze widersprechen der Fundamentalfolge nur scheinbar, etwa das Beispiel LVI (S. 38). In Wahrheit gelten die in Buchstaben unterhalb der Notenzeilen beigefügten Fundamente."[193]

> „Auch der Septimenakkord wird den Regeln der *Grundsätze* entsprechend verwendet, mit durchgehender (Bd. I, T. 1, § 11, S. 20) oder mit vorbereiteter und stufenweise fallend aufgelöster Septime (Bd. I, T. 1, § 10, S. 20 und § 4 c, S. 14). In Fällen wie diesem […] [Beispiel LVI] hatte Sechter nicht zu erklären, daß es sich, seinem System nach, nicht eigentlich um Septimenakkorde [Fußnote: „Sondern um Nonenakkorde mit verschwiegenem Fundament."] handelte, weil er damit den Rahmen einer reinen Generalbaßschule schon gesprengt hätte. Er hatte ja nur die Formen zu zeigen, unter denen der […] Akkord auftreten kann."[194]

Kommentar

Die Klangfolge kann sowohl (im Sinne der von Walter Zeleny hinzugefügten Fundament-Bezeichnungen) als Kombination aus Terzfall und Quintfall der Fundamente (mit angehängter Schluss-Kadenz) gedeutet werden, als auch als chromatisierte Form ein Skalen-Modell[195] bzw. als Passus duriusculus. Im Zusammenhang betrachtet mit dem in den Notenbeispielen Nr. 54 und 55 vorgestellten Sekund-Anstieg der Fundamente, könnte von Takt 3 zu Takt 4 ein Sekund-Anstieg von Fundament „E" zu „F" angenommen

---

[192] Walter Zeleny: Die historischen Grundlagen, S. 95.
[193] Walter Zeleny: *Die historischen Grundlagen*, S. 99-100.
[194] Walter Zeleny: *Die historischen Grundlagen*, S. 95.
[195] Hartmut Fladt: „Modell und Topos im musiktheoretischen Diskurs", S. 354.

NR. 56

werden. Walter Zelenys Deutung (des hier erklingenden, sich in Form eines Sekund-Anstieges der Fundamente trugschlüssig nach F-Dur auflösenden, zwischendominantischen E-Dur Septakkordes) als „C-Übermäßig mit großer Septime, großer None und ohne Grundton" zeigt wieder die bereits erwähnte Jongliermöglichkeit: Die Vermeidung der Beschädigung der sonst erkennbaren schematischen Abwechslung aus Terzfall und Quintfall war mutmaßlich für Walter Zeleny ausschlaggebend für die Interpretation als Fundament „C".

In der Schluss-Kadenz wird die Quinte der II. Stufe regulär behandelt.

Zwischen Bass und Tenor findet teilweise eine „chromatische Spiegelbewegung"[196] statt. Es finden sich Terzenparallelen[197] zwischen Sopran und Alt, sowie zwischen Alt und Tenor; Sextenparallelen zwischen Sopran und Tenor. Das Notenbeispiel kann als Hexachordmodell bezeichnet werden.

---

[196] Hartmut Fladt: „Modell und Topos im musiktheoretischen Diskurs", S. 358.
[197] Hartmut Fladt: „Modell und Topos im musiktheoretischen Diskurs", S. 345-346.

Nr. 57

Notenbeispiel

Kommentar

Es findet sich hier zumeist eine Kombination aus Terz-Anstieg und Quint-Fall der Fundamente. Florian Edler weist darauf hin, dass es sich um einen abwärts verlaufenden Dur-Moll-Parallelismus ohne Sekundschritte der Fundamente handelt.[198]

Dieser Dur-Moll-Parallelismus wird bei Fundament „D" unterbrochen (mutmaßlich deshalb, weil sich das Akkordpaar F-Dur / B-Dur anschließen würde, womit kein in der Tonart C-Dur leitereigener tonikaler Akkord mehr erreicht würde) und in einem zweiten Teil von Fundament „G" aus fortgesetzt:

Erster Teil:	Dur-Moll-P.			
	C E A	C F	A D	
	(D) t	(D)T	(D) t	
Zweiter Teil:				
		Dur-Moll-P.		
		D G	H E	G C
		(D)T	(D) t	D T
Dritter Teil:			Kadenz mit Abschieds-Septime	
			G C C⁷F D G C	

Im vorletzten Takt fehlt in der Generalbass-Bezifferung ein Auflösungszeichen. Die Quinte der II. Stufe wird in der Schluss-Kadenz regulär behandelt. Es findet sich eine Tastendoppelbelegung zwischen Bass und Tenor.

---

[198] Florian Edler: *Anton Bruckner und Simon Sechter*, S. 104.

NR. 57

Verweise auf ähnliche Fortschreitungen

„Vgl. Sechter, *Praktische Generalbassschule*, S. 9, 21f., 31, 35, 38, 43-46, 60, 66, 69, 74, 79f."[199]

---

[199] Florian Edler: *Anton Bruckner und Simon Sechter*, S. 104.

Nr. 58

Notenbeispiel

Kommentar

Das Notenbeispiel könnte im Sinn der folgenden Fundamentfolge aufgefasst werden, die drei Sekundanstiege enthält:

C D   G A   F G   C.

In den ersten drei Takten könnte jeweils um ein mitgedachtes Fundament ergänzt werden:

C (A) D   G (E) A   F (D) G   C,

wodurch eine Fundamentfolge ausschließlich aus Terz- und Quintfällen entstünde.

Auf diese Sichtweise macht Sechter (in den Fünfzigerjahren) in seinen *Grundsätzen* aufmerksam:

> „Daraus lässt sich auch erkennen, dass wo der Fundamentalbass von einem Dreiklang zu einem Septaccord um eine Stufe zu steigen scheint auch ein nachgebildeter Schlussfall zum Grund liegt. Um zum Beispiel den Schritt vom Dreiklang der 4ten zum Septaccord der 5ten naturgemäss zu machen, muss der Septaccord der 2ten Stufe dazwischen entweder wirklich gemacht oder hinein gedacht werden [...]."[200]

---

[200] Simon Sechter: *Die Grundsätze* I, S. 19, § 9.

NR. 58

Fraglich erscheint, ob Sechters Absicht bei diesem Notenbeispiel darin bestanden haben könnte:

- lediglich drei „prominente" (Organisten mutmaßlich als instrumentalpraktische Griff-Folgen geläufige) Sekund-Anstiege (I-II, wenn auch hier ohne Sekundakkord, etwa als Beginn einer:

    „[...] Exordialen ‚Minimalkadenz' [...]"[201],

    V-VI als Trugschluss, IV-V als (vermeintlicher) Bestandteil von Schluss-Kadenzen) komprimiert in einer kurzen Akkordfolge vorzustellen,
- oder ob Sechter auch auf die Möglichkeit mitgedachter Zwischenfundamente aufmerksam machen wollte. (Alle durch diese mitgedachten Fundamente entstehenden Dissonanzen wären jedenfalls bei diesem Notenbeispiel durch Liegenlassen vorbereitet und sekundweise abwärts aufgelöst.)

Es finden sich Sextenparallelen[202] zwischen Sopran und Tenor.

---

[201] Hartmut Fladt: „Modell und Topos im musiktheoretischen Diskurs", S. 365.
[202] Hartmut Fladt: „Modell und Topos im musiktheoretischen Diskurs", S. 345-346.

Nr. 59

Notenbeispiel

Überschrift Sechters

„Quintsextaccord hat: 6 8
                        5 6
                        3 , 5."[203]

Kommentar

Bei konsequenter melodischer Abwechslung von Sekund-Anstiegen und Terzfällen der Bass-Stimme findet hier eine Quintfallsequenz (mit den Fundamenten:

C F H E A D G C)

statt. Die Quinten der II. und VII. Stufe werden regulär behandelt. Bei den Taktanfängen finden sich zwischen Tenor und Bass abwechselnd Sexten- und Terzenzusammenklänge.[204] Die Bassmelodie kann wieder als zwei parallel in Terzen verlaufende Stimmen aufgefasst werden, sie erinnert hier an ein Skalen-Modell und an ein Tetrachordmodell.[205]

---

[203] Simon Sechter: *Praktische Generalbassschule*, S. 29.
[204] Hartmut Fladt: „Modell und Topos im musiktheoretischen Diskurs", S. 345-346.
[205] Hartmut Fladt: „Modell und Topos im musiktheoretischen Diskurs", S. 354.

Nr. 60

Notenbeispiel

Kommentar

Es handelt sich hierbei um eine Kombination von Terzfall und Quintfall der Fundamente:

C A D H E C F D G E A F H G C,

die auch als Skalen-Modell[206] bezeichnet werden kann. Die Quinten der II. und VII. Stufe werden regulär behandelt. Einige Quintsextakkorde (bei denen auf die Ziffer „5" nicht verzichtet werden kann) scheinen (beide Ziffern weisen ein sehr ähnliches Schriftbild auf) in der *Praktischen Generalbassschule* (möglicherweise versehentlich) an Stelle einer „5" mit einer „3" beziffert worden zu sein. In der hier vorliegenden Abschrift wurde die Bezifferung aller Takte vereinheitlicht.

---

[206] Hartmut Fladt: „Modell und Topos im musiktheoretischen Diskurs", S. 354.

Nr. 61

Notenbeispiel

Kommentar

In diesem Notenbeispiel wird eine Quintfallsequenz (abwechselnd mit Grund- und Septakkorden) vorgestellt. Die Septakkorde erscheinen an den betreffenden Takt-Anfängen als Grundakkorde, an den Takt-Enden als Quintsextakkorde. Das Terz-Intervall zwischen den jeweiligen beiden Basstönen wird jeweils durch einen Quartsextakkord ausgefüllt, wobei eine gegenläufige Melodie in Bass und Tenor stattfindet. Diese Quartsextakkorde führen zu einer Pendelharmonik (mit dem quinthöheren Akkord) in den Septakkordtakten (und im vorletzten Takt):

Fundamente: C F C   F   H E H   E H E   A   D A D   G D G   C.

Die Quinte der VII. Stufe wird in der Sequenz sekundweise aufwärts weiterbewegt, im Durchgangsquartsextakkord wird sie sowohl stufenweise erreicht, als auch (auf- und abwärts) verlassen. Sopran und Alt verlaufen in Terzparallelen.[207]

---

[207] Hartmut Fladt: „Modell und Topos im musiktheoretischen Diskurs", S. 345-346.

Nr. 62

Notenbeispiel

Kommentar

In diesem Notenbeispiel finden sich zumeist Abwechslungen von fallendem Terz- und steigendem Sekundschritt der Fundamente:

C A H Gis A Fis G E Cis D H C A D G C

Die steigenden Sekundschritte könnten durch mitgedachte Fundamente als Folgen von Terzfall und Quintfall angesehen werden, beispielsweise:

A → H wird zu A (F) H, so dass A^7 als F^9_7 mit gedachtem Grundton „F" zu deuten wäre. Alle durch diese Maßnahme entstehenden Septimen und Nonen werden von Sechter durch Liegenlassen vorbereitet und sekundweise abwärts aufgelöst. Die Stimmführung erlaubt also keine Aussage darüber, ob Sechter in diesem Fall so dachte. Beim drittletzten Akkord ist keine gedankliche Operation notwendig, um zu einem sich anschließenden Quintfall zu gelangen, da dieser bereits hin zum vorletzten Akkord vorliegt. Die Fundamentfolge würde somit aus einem doppelten Terzfall mit anschließendem Quintfall bestehen und insofern eine Beziehung zu Nr. 36 aufweisen.

An den Taktanfängen finden sich zwischen Sopran und Alt zumeist Terzenparallelen[208], anfangs sowohl zwischen Sopran und Tenor, als auch zwischen Sopran und Bass Sextenparallelen, ebenso am Ende zwischen Tenor und Bass.

---

[208] Hartmut Fladt: „Modell und Topos im musiktheoretischen Diskurs", S. 345-346.

Nr. 63

Notenbeispiel

Kommentar

Das Notenbeispiel zeigt vielfältige Möglichkeiten der Fundament-Deutung, die keine eindeutige Regelmäßigkeit erkennen lassen (und insofern an die Nummern 8, 11, 31, 32 und 33 erinnern). Während Sechter bei der Stimmführung von Dissonanzen in Stimmverläufen denkt, scheint ihm in der zweiten Hälfte von Takt 4 (an einer Stelle, an der die Harmoniefortschreitung ruht), bei der Überbindung von Tenor zu Alt, die Wirkung des Gesamtklanges wichtiger zu sein. Anfangs finden sich Terzenparallelen[209] zwischen Sopran und Alt. Die teilweise sekundweise Abwärtsbewegung des Basses erinnert an ein Skalen-Modell.

---

[209] Hartmut Fladt: „Modell und Topos im musiktheoretischen Diskurs", S. 345-346.

Nr. 64

Notenbeispiel

Literaturhinweise

"Das Beispiel LXIV (S. 43) fällt dadurch auf, daß der Quintsextakkord statt mit der gewöhnlichen Bezifferung $\overset{6}{5}$ darin mit der Bezifferung $\overset{5}{3}$ auftritt, die sich aus der Stimmenbewegung ergibt [.]"[210]

Kommentar

Das Notenbeispiel kann als Kombination aus Terzfällen der Fundamente mit dazwischen eingefügten Zwischendominanten beschrieben werden, bzw. als Abwechslung aus Terzanstiegen und Quintfällen mit abschließendem doppeltem Quintfall:

C	E	A	C	F	A	D	G	C
T	(D)	t	(D)	T	(D)	t	G	C.

Florian Edler weist darauf hin, dass es sich um einen abwärts verlaufenden Dur-Moll-Parallelismus ohne Sekundschritte der Fundamente handelt.[211] Es finden sich Terzenparallelen[212] zwischen Sopran und Alt, die im Verhältnis zum Bass als Syncopatio-Kette[213] bezeichnet werden können.

---

[210] Walter Zeleny: *Die historischen Grundlagen*, S. 95.
[211] Florian Edler: *Anton Bruckner und Simon Sechter*, S. 104.
[212] Hartmut Fladt: „Modell und Topos im musiktheoretischen Diskurs", S. 345-346.
[213] Hartmut Fladt: „Modell und Topos im musiktheoretischen Diskurs", S. 356-357.

Verweise auf ähnliche Fortschreitungen

„Vgl. Sechter, *Praktische Generalbassschule*, S. 9, 21f., 31, 35, 38, 43-46, 60, 66, 69, 74, 79f."[214]

---

[214] Florian Edler: *Anton Bruckner und Simon Sechter*, S. 104.

Nr. 65

Notenbeispiel

Kommentar

Die Klangfolge kann als Skalen-Modell[215] mit den Fundamenten:

    C   D   E   F   G   C

und abschließendem Quintfall beschrieben werden. Ebenso könnte zu Beginn eine Quintfallsequenz, später eine Abwechslung aus Quintfall und Terzfall angenommen werden:

    C   F   H   E   AF   HG   C.

Falls es sich in den zweiten Hälften der Takte 1 und 2 um die Fundamente D bzw. H handelt, so würden beider Quinten nicht durch Liegenlassen vorbereitet: die der II. Stufe würde sprungweise erreicht, die der VII. schrittweise. Es finden sich Terzenparallelen[216] zwischen Tenor und Alt, sowie eine Tastendoppelbelegung.

---

[215] Hartmut Fladt: „Modell und Topos im musiktheoretischen Diskurs", S. 354.
[216] Hartmut Fladt: „Modell und Topos im musiktheoretischen Diskurs", S. 345-346.

Nr. 66

Notenbeispiel

Literaturhinweise

„Andere Sätze widersprechen der Fundamentalfolge nur scheinbar [...]. Ein anderes hierhergehöriges Beispiel ist das Nr. LXVI (S.44), wo nur die Schritte der jeweils ersten Taktglieder als Fundamentalfortschreitung gelten; alle dazwischen befindlichen Harmonien sind zufällige, aus den chromatischen Durchgängen entstandene [...]."[217]

Kommentar

Es würde sich demnach um eine Quintfallsequenz mit den Fundamenten:

G   C   F   B   Es   As

handeln, die jeweils am Anfang und am Ende des betreffenden Taktes auftreten.

Es könnte sich zudem um eine Variante einer Oberquintpendelharmonik[218] zwischen dem jeweils ersten, dritten und fünften Akkord in jedem Takt handeln, beispielsweise in Takt 1 zwischen den Fundamenten: G   D   G.

Diese Oberquintpendelbewegung stellte Sechter bereits in seinem Notenbeispiel Nr. 41 vor. Dabei wurde das Terz-Intervall der Bassstimme (hier, im Notenbeispiel Nr. 66, in Takt 1: die Töne „G" → „H") zwischen dem Rahmenakkord (hier: G-Dur, zunächst mit dem Grundton, dann mit der Terz im Bass) mit einem Durchgangston ausgefüllt, über dem ein Quartsextakkord erklang. In

---

[217] Walter Zeleny: *Die historischen Grundlagen*, S. 99-100.
[218] Hartmut Fladt: „Modell und Topos im musiktheoretischen Diskurs", S. 362-363.

NR. 66

Notenbeispiel 66 nun findet eine engmaschigere Harmonisierung der jeweils zwischen diesen drei Gerüsttönen („G", „A", „H") liegenden chromatischen Töne statt. Dabei könnte der Akkord zwischen den Tönen „G" und „A" als chromatisiertes Fundament G (somit als Fundament Gis) bezeichnet werden, der Akkord zwischen den Tönen „A" und „H" als Fundament B, so dass eine Fundamentfolge aus einem Quintanstieg (einer „lediglich" chromatisch verfärbten Pendelbewegung aufwärts) und zwei sich anschließenden Terzfällen (die sich zu einem Quintfall, der Pendelbewegung abwärts, summieren) entstünde:

G   gis   d   B   G.

Auf den chromatisch aufsteigenden Basstönen folgen in jedem Takt die folgenden fünf Akkordtypen aufeinander:

1. Dur-Grundakkord
2. Ganzverminderter Septakkord
3. Moll-Quartsextakkord
4. Dur-Grundakkord mit kleiner Septime
5. Dur-Quintsextakkord mit kleiner Septime

Zudem könnte die Klangfolge aufgefasst werden als:

- Skalen-Modell[219],
- Passus duriusculus[220],
- Chromatische Spiegelbewegung[221] zwischen unterschiedlichen Stimmpaaren.

Bei dem Auflösungszeichen der 5 im vorletzten Takt handelt es sich mutmaßlich um einen Druckfehler.

---

[219] Hartmut Fladt: „Modell und Topos im musiktheoretischen Diskurs", S. 354.
[220] Hartmut Fladt: „Modell und Topos im musiktheoretischen Diskurs", S. 358.
[221] Hartmut Fladt: „Modell und Topos im musiktheoretischen Diskurs", S. 358.

Nr. 67

Notenbeispiel

Kommentar

Florian Edler weist darauf hin, dass es sich um einen abwärts verlaufenden Dur-Moll-Parallelismus ohne Sekundschritte der Fundamente handelt.[222] Im zweiten, vierten und sechsten Takt würde demnach der Akkord auf der jeweils zweiten Takthälfte als Zwischendominante zum darauf folgenden Zielakkord angesehen und die Zielakkorde stehen in Terzenbeziehungen zueinander: a-Moll, F-Dur, d-Moll.

Die den Zwischendominanten vorausgehenden Akkorde können als Zwischensubdominanten aufgefasst werden:

C   D E   A   B C F   G A D G C

oder als II. Stufe des jeweiligen Zielakkordes (so dass doppelte Quintfälle entstehen):

C   H E   A   G C F   E A D G C

oder als Kombinationen aus beiden Sichtweisen (als Doppelfundamente):

C   DH E   A   BG C F   GE A D G C

---

[222] Florian Edler: *Anton Bruckner und Simon Sechter*, S. 104.

NR. 67

Die Klangfolge könnte aufgrund des sekundweisen Steigens der Bassstimme auch als Variante der Skalen-Modell[223] aufgefasst werden, bzw. als Hexachordmodell und als Tetrachordmodell.[224] Es findet sich ein Terzenparallelismus[225] bzw. eine Syncopatio-Kette[226] zwischen Sopran und Alt.

Verweise auf ähnliche Fortschreitungen

„Vgl. Sechter, *Praktische Generalbassschule*, S. 9, 21f., 31, 35, 38, 43-46, 60, 66, 69, 74, 79f."[227]

---

[223] Hartmut Fladt: „Modell und Topos im musiktheoretischen Diskurs", S. 354.
[224] Hartmut Fladt: „Modell und Topos im musiktheoretischen Diskurs", S. 354.
[225] Hartmut Fladt: „Modell und Topos im musiktheoretischen Diskurs", S. 345-346.
[226] Hartmut Fladt: „Modell und Topos im musiktheoretischen Diskurs", S. 351-352.
[227] Florian Edler: *Anton Bruckner und Simon Sechter*, S. 104.

Nr. 68

Notenbeispiel

Kommentar

In diesem Notenbeispiel demonstriert Sechter anhand von Quintsextakkorden die Möglichkeit der Vorbereitung und Auflösung von Septimen bei terzweisem Fallen der Fundamente (zwischen den vier Binnenakkorden):

       A   D H Gis E   A

Zwischen Sopran und Alt besteht die Möglichkeit von Terzenparallelen.[228]

---

[228] Hartmut Fladt: „Modell und Topos im musiktheoretischen Diskurs", S. 345-346.

Nr. 69

Notenbeispiel

Überschrift Sechters

„Terzquartaccord hat: 6
4
3."[229]

Kommentar

Da auf die im Bass liegende Quinte nicht verzichtet werden kann, hält Sechter alle übrigen Akkordbestandteile im vierstimmigen Satz für unverzichtbar. In dreistimmigen Varianten dieses Notenbeispiels hält er über dem Bass die Kombinationen 4 und 3 (Verzicht auf die Akkordterz) und 6 und 3 (Verzicht auf den Grundton) für möglich.

Die Akkordfolge kann bezeichnet werden:

- als Quintfallsequenz (mit den Fundamenten:

C F H E A D G C F H E A D G C),

- als Skalen-Modell[230] (bei der Bass und Sopran in Terzparallelen[231] verlaufen),

---

[229] Simon Sechter: *Praktische Generalbassschule*, S. 45.
[230] Hartmut Fladt: „Modell und Topos im musiktheoretischen Diskurs", S. 354.
[231] Hartmut Fladt: „Modell und Topos im musiktheoretischen Diskurs", S. 345-346.

- als erweiterter Dur-Moll-Parallelismus (hier: Moll-Dur-Parallelismus), jeweils mit den Stufen VI-II-V-I in den Tonarten: a-Moll, F-Dur und d-Moll.

Zwischen Sopran und Tenor findet sich eine Abfolge von Septimen und Sexten, die an eine Syncopatio-Kette[232] erinnert.

---

[232] Hartmut Fladt: „Modell und Topos im musiktheoretischen Diskurs", S. 351-352.

Nr. 70

Notenbeispiel

Kommentar

Interpretationen der Fundamentfolge:

1. Im Sinne der hier (nicht von Sechter) dem Notenbeispiel beigefügten Fundament-Bezeichnungen könnte die Akkordfolge (unter der Voraussetzung gedachter terztieferer Fundamente) als Quinfallsequenz aufgefasst werden.
2. Die Fundamentfortschreitungen könnten auch als eine Abwechslung von Terzfällen und Sekundanstiegen aufgefasst werden, beispielsweise:
C A H Gis.
3. Durch (bei den Sekundanstiegen) mitgedachte Zwischenfundamente würde zudem eine Kombination aus beiden Interpretationen entstehen:
C A/F H Gis/E,
die als sekundweise abwärts verschobener (abwärts gebrochener) Dreiklang der Fundamente beschrieben werden könnte.

Das Notenbeispiel kann zudem betrachtet werden:

- als Skalen-Modell[233] (mit Terzparallelen[234] zwischen Bass und Sopran, sowie zwischen Alt und Tenor),
- als (im Sinne von Nr. 69) erweiterter Moll-Dur-Parallelismus.

---

[233] Hartmut Fladt: „Modell und Topos im musiktheoretischen Diskurs", S. 354.
[234] Hartmut Fladt: „Modell und Topos im musiktheoretischen Diskurs", S. 345-346.

Nr. 71

Notenbeispiel

Kommentar

Die Klangfolge kann als Quintfallsequenz beschrieben werden, bei der Sopran und Alt abwechselnd eine Durchgangsbewegung vom Grundton des einen Akkordes zur Terz des nächsten ausführen. Da jeder zweite Akkord mit Quinte im Bass erscheint, entsteht eine sekundweise melodische Abwärtsbewegung der Bassstimme, die als Skalen-Modell[235] bezeichnet werden kann. Denkbar wäre, dass Sechter zum Altschlüssel wechselt, weil andernfalls die Bezifferung nicht mehr zwischen die Liniensysteme gepasst hätte. Dasselbe gilt auch etwa für Nr. 69, wo sogar bis zu drei Ziffern übereinander stehen. Abfolgen von Terzen[236] finden sich zwischen Sopran und Alt (ähnlich zwischen Alt und Tenor).

---

[235] Hartmut Fladt: „Modell und Topos im musiktheoretischen Diskurs", S. 354.
[236] Hartmut Fladt: „Modell und Topos im musiktheoretischen Diskurs", S. 345-346.

Nr. 72

Notenbeispiel

Kommentar

Die Fundamentfolge könnte (bei gedachten terztieferen Fundamenten) als Kombination aus Terzfall und Quintfall beschrieben werden:

C F   H G   C A   D H   E C   F D   G   C,

mit anderen Worten: als sekundweise aufwärts verschobene:

- Quintfälle (F → H usw.) bzw.
- Terzfälle (H → G usw.).

Die Quinten der II. und VII. Stufe werden in den Oberstimmen regulär behandelt, im Bass steigen sie sekundweise. Aufgrund der Bewegung der Bassstimme kann das Notenbeispiel auch als Skalen-Modell[237] bezeichnet werden.

---

[237] Hartmut Fladt: „Modell und Topos im musiktheoretischen Diskurs", S. 354.

Nr. 73

Notenbeispiel

LXXIII.

Kommentar

Die Klangfolge könnte als Kombination aus jeweils zwei aufeinanderfolgenden Terzfällen und einem sich anschließenden Quintfall der Fundamente beschrieben werden:

    C A F   H G E   A F D   G E C   F D H   E C A   D H G   C

Die Fundamentfolge erinnert an abwärts gebrochene Dreiklänge (etwa: C A F), die sekundweise abwärts verschoben werden (als nächstes etwa: H G E).

Das Notenbeispiel kann auch als Skalen-Modell[238] (mit sekundweisen Oktavdurchschreitungen in allen Stimmen) bezeichnet werden. Die Quinten der II. und VII. Stufe werden regulär behandelt. Zwischen Sopran und Tenor finden sich Sextenparallelen[239] mit anticipatio, zwischen Sopran und Bass Terzenparallelen, zwischen Alt und Tenor Terzenparallelen mit Syncopatio-Kette[240].

---

[238] Hartmut Fladt: „Modell und Topos im musiktheoretischen Diskurs", S. 354.
[239] Hartmut Fladt: „Modell und Topos im musiktheoretischen Diskurs", S. 345-346.
[240] Hartmut Fladt: „Modell und Topos im musiktheoretischen Diskurs", S. 351-352.

Nr. 74

Notenbeispiel

Kommentar

Die Fundamentfolge könnte aufgefasst werden als:

A E   a E   A F H   E A F   H E   A   D Gis   A D   Gis E   A

Das Notenbeispiel führt zwei unterschiedliche Verwendungsarten des Terzquartakkordes vor:

- zwischen zwei Rahmenakkorden mit gleichem Fundament: als harmonisches Pendel[241] (Takte 1 und 2),
- zwischen zwei Rahmenakkorden, bei denen ein Sekundabstieg der Fundamente vorliegt (etwa: F und E): dieser Sekundabstieg wird durch den Terzquartakkord als doppelter Quintfall (F H E) „legitimiert" (Takte 3 und 5, entsprechend in 6 und 7),
- Die Quinte der VII. Stufe wird im viertletzten Takt sekundweise aufwärts verlassen. Eine Interpretation als verkürzter E^7-Akkord erscheint unwahrscheinlich, da in diesem Fall die Septime d^1 aufwärts gehen würde. Denkbar wäre, den Klang als Kombination aus drei Durchgängen und einer Wechselnote aufzufassen, ihm daher kein eigenes Fundament zuzuweisen, so dass gegen Ende des Notenbeispiels wieder (wie bereits anfangs) eine Pendelharmonik (hier zwischen den Fundamenten A und D) gemeint wäre.

Unklar ist die Bedeutung des Bogens von Takt 3 zu Takt 4.

---

[241] Hartmut Fladt: „Modell und Topos im musiktheoretischen Diskurs", S. 362-363.

Nr. 75

Notenbeispiel

Kommentar

Nach der Fermate findet sich ab Takt 5 ein Durmollparallelismus, bei dem:

- die (zwischen)dominantischen Septakkorde (aufgrund der gebrochenen Dreiklangsmelodik im Bass) nacheinander mit Grundton, Terz und Quinte im Bass erscheinen,
- die tonikalen Akkorde eine Pendelharmonik[242] mit Durchgangsquartsextakkorden aufweisen.

Seine Fundamente:	G	C	E	A	C	F	A	D
Funktionen:	D	T	(D)	T	(D)	T	(D)	t

In Takt 5 müsste an Stelle der Ziffer „6" ein Terzquartakkord beziffert werden.

Die Quinte der VII. Stufe in Takt 2 auf „1" wird sekundweise erreicht und aufwärts gehend verlassen.

---

[242] Hartmut Fladt: „Modell und Topos im musiktheoretischen Diskurs", S. 362-363.

Nr. 76

Notenbeispiel

Kommentar

Das Notenbeispiel weist (in den Takten 1 und 3) zwei identische Terzquartakkorde des ganzverminderten Septakkordes auf. Denkbar wäre, dass beide sich, ihrer Schreibweise gemäß, in a-Moll Akkorde auflösen. Demnach wäre gemeint:

- in Takt 2: nicht ein F-Dur Quartsextakkord, sondern ein a-Moll Sextakkord mit (als „4" beziffertem) „Sext"-Vorhalt" (f^1) vor der Akkordquinte (e^1),
- in Takt 4: nicht ein d-Moll Grundakkord, sondern ein a-Moll Sextakkord mit zusätzlichem (unbeziffertem, da im Bass befindlichem) „Quart"-Vorhalt (d) vor der Akkordterz (c).

Für diese Interpretation spricht, dass Sechter (nur) die Vorbereitung der betreffenden drei Vorhalts-Töne (mutmaßlich als diejenige Besonderheit – dass es sich um Vorhalte handelt – um die es ihm hier ging) durch Bögen kennzeichnete, während er sonstige Tonwiederholungen an anderer Stelle (von Takt 2 zu Takt 3 im Alt; in Takt 4 im Sopran; von Takt 4 zu Takt 5 bei dem geläufigen Quartsextvorhalt der Dominante) nicht durch Bögen verband. Unter der Voraussetzung der Richtigkeit dieser Annahme könnte vermutet werden, dass Sechter mit diesem Notenbeispiel das didaktische Ziel verfolgt hat, (nonverbal) warnend darauf hinzuweisen, dass sich selbst hinter einer geläufigen Bezifferung ein anderer, als der geläufige Sachverhalt verbergen kann, dass daher die Bedeutung von Bezifferungen aus dem Zusammenhang des Notentextes erschlossen werden muss.

Eine denkbare Fundamentfolge wäre:

A   E   A   E   A   E   A,

die eine Pendelharmonik[243] darstellen würde. Dabei würde der Akkord auf „1" in Takt 3 als Fundament E gedeutet, der Ton a^1 im Alt als Quartvorhalt. Die Septime des Fundamentes E (d^1 und d^2) würde demnach nicht in Sopran und Tenor aufgelöst, sondern vom Bass auf „2" übernommen und in Takt 4 im Bass aufgelöst.

Grundlagen dieser Fundament-Interpretation sind:

- ein Bestreben, Sekundverbindungen zu vermeiden,
- ein Bestreben, zu einer eindeutig erkennbaren Systematik zu gelangen.

Die Frage ist, ob durch diese Bestrebungen der analytische Blick für (diese Fundament-Interpretation in Frage stellende) Indizien getrübt wird:

- So erscheint es fraglich (und von weiteren Forschungen zu klären), ob gegen die Interpretation (des Akkordes auf „1" in Takt 3) als Fundament E nicht eingewendet werden könnte, dass der Akkord im vierstimmigen Satz dann 2 Septimen aufwiese. Denkbar wäre immerhin, dass Sechter in Fällen (wie diesem), in denen der reale Klang eine andere Interpretation nahelegt (hier etwa die als halbverminderten Septakkord über H) eine als Terz über H hörbare (als Septime über E nicht hörbare) „Septime" D verdoppelt.
- Ebenso würde der Tenor, der real klingend in Vierteln von der Terz d^1 zur Quinte f^1 springt (so dass die Quinte des verminderten Dreiklanges nicht vorbereitet wird), nach der Interpretation als Fundament E von der Septime in die None springen.

Tenor und Bass weisen größtenteils Terzenparallelen[244] auf.

---

[243] Hartmut Fladt: „Modell und Topos im musiktheoretischen Diskurs", S. 362-363.
[244] Hartmut Fladt: „Modell und Topos im musiktheoretischen Diskurs", S. 345-346.

Nr. 77

Notenbeispiel

Überschrift Sechters

„Secundaccord hat: 6 4 4
4 2 4
2 , 2 , 2"[245]

Kommentar

Es finden (bis auf den Terzfall vom ersten zum zweiten Akkord und den Übergang vom vorletzten zum letzten Takt) nur Quintfälle der Fundamente statt (es handelt sich also größtenteils um eine Quintfallsequenz). Im vorletzten Akkord verzichtet Sechter auf die (als Skalen-Modell[246] zu bezeichnende) deutlich erkennbare Möglichkeit, die melodische Sekundbewegung des Basses konsequent abwärts fortzusetzen; mutmaßlich, um (nonverbal) auf einen Unterschied in den Schlusswirkungen beider Varianten aufmerksam zu machen (etwa: auf eine größere Abschlusswirkung bei der Verwendung von Grundakkorden). Die Quinten der II. und VII. Stufe werden regulär behandelt.

Zwischen Tenor und Bass finden sich Sextenparallelen[247], zwischen Sopran und Alt Terzparallelen mit „superjectio", zwischen Alt und Bass, sowie zwischen Alt und Tenor, Terzparallelen mit Syncopatio-Ketten[248] (2 - 3 bzw. 4 - 5).

---

[245] Simon Sechter: *Praktische Generalbassschule*, S. 52.
[246] Hartmut Fladt: „Modell und Topos im musiktheoretischen Diskurs", S. 354.
[247] Hartmut Fladt: „Modell und Topos im musiktheoretischen Diskurs", S. 345-346.
[248] Hartmut Fladt: „Modell und Topos im musiktheoretischen Diskurs", S. 351-352.

Nr. 78

Notenbeispiel

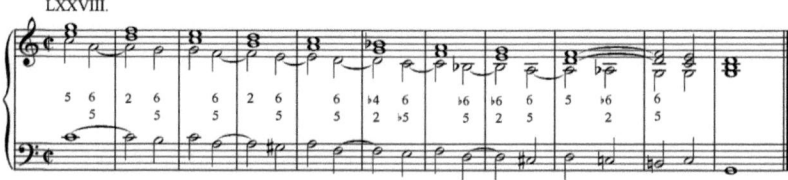

Kommentar

Es handelt sich auch hier größtenteils (bis auf die Übergänge vom ersten zum zweiten und vom vorletzten zum letzten Akkord) um eine Quintfallsequenz. Vorgestellt werden:

- in der Bassstimme: zwei Möglichkeiten der melodischen Fortschreitung der Akkordterz eines Quintsextakkordes:
  - sekundweise aufwärts (in den Grundton des nachfolgenden Akkordes),
  - keine melodische Fortschreitung (wodurch die Septime des nachfolgenden (Sekund-) Akkordes vorbereitet wird),
- in den Oberstimmen: drei Möglichkeiten der Harmonisierung einer sekundweisen melodischen Abwärtsbewegung, die als Skalen-Modell[249] bezeichnet werden könnten.

Im Tenor fehlt die Überbindung von Takt 2 zu Takt 3. Zwischen Sopran und Alt finden sich Terzenparallelen[250], zwischen Sopran und Tenor Sextenparallelen mit anticipatio, zwischen Alt und Bass Terzenparallelen, abwechselnd mit und ohne syncopatio.[251]

---

[249] Hartmut Fladt: „Modell und Topos im musiktheoretischen Diskurs", S. 354.
[250] Hartmut Fladt: „Modell und Topos im musiktheoretischen Diskurs", S. 345-346.
[251] Hartmut Fladt: „Modell und Topos im musiktheoretischen Diskurs", S. 351-352.

Nr. 79

Notenbeispiel

Kommentar

Florian Edler erklärt, es handelt sich um einen:

> „[...] aufwärts verlaufenden Dur-Moll-Parallelismus, [...]: Abermals werden Sekundprogressionen der Fundamente offensichtlich bewusst vermieden [...]"[:] *„Praktische Generalbassschule*, Ex. 79, S. 54."[252]

Zudem kann das Notenbeispiel als eine, meist regelmäßige, Kombinationen von Quint- und Terzfällen der Fundamente beschrieben werden, die in einer Pendelharmonik[253] endet:

A D Gis E   A F H G   C D H   E A/F H E   A   E   A

Die von Florian Edler erwähnte „Sekundprogression der Fundamente" kann nur bei Annahme eines Doppelfundamentes „vermieden" werden (A/F; A: um eine Sekundprogression mit dem vorausgehenden E zu vermeiden, F: um eine solche zum nachfolgenden H zu vermeiden).

Mutmaßlich bestand eine didaktische Absicht Sechters bei diesem Notenbeispiel (bis zur „1" von Takt 4) darin, stellvertretende Fortschreitungen der Quinte (im Bass, anstelle des Altes) zu demonstrieren:

- bei den beiden verminderten Septakkorden der harmonischen a-Moll Tonleiter (dem ganzverminderten Septakkord

---

[252] Florian Edler: *Anton Bruckner und Simon Sechter*, S. 105.
[253] Hartmut Fladt: „Modell und Topos im musiktheoretischen Diskurs", S. 362-363.

der erhöhten VII. Stufe und dem halbverminderten Septakkord der II. Stufe) in den Takten 1 und 2,
- beim d-Moll Septakkord in Takt 3 (der – aufgrund der Auflösungszeichen in Takt 2 – als II. Stufe in der Tonart C-Dur gedeutet werden könnte, zumindest jedoch – nonverbal – auf die Anwendbarkeit einer stellvertretenden Auflösung auch bei der II. Stufe einer Durtonart hinweist).

Im ersten Takt etwa bewegt sich die verminderte Akkordquinte d^1 im Alt aufwärts, der Bass holt die reguläre Auflösung beim Taktübergang nach (d → c). Dass Sechter der Gedanke an stellvertretende Stimmbewegungen jedenfalls nicht fremd war, geht aus folgender Äußerung hervor:

> „Damit will nicht gesagt sein, dass die Quint der 2ten Stufe gar nicht aufwärts gehen könne. Sie kann aufwärts gehen, wenn der Septaccord der 5ten Stufe folgt, wo eine andere Stimme ihre eigentliche Auflösung übernehmen kann."[254]

Es finden sich Sextenparallelen[255] zwischen Tenor und Sopran.

---

[254] Simon Sechter: *Die Grundsätze* I, S. 22, §12.
[255] Hartmut Fladt: „Modell und Topos im musiktheoretischen Diskurs", S. 345-346.

Nr. 80

Notenbeispiel

Kommentar

Bei konsequenten Terzfällen der Fundamente folgen in diesem Notenbeispiel pro Takt Septakkorde mit Grundton, Terz, Quinte und Septime im Bass aufeinander. Das Notenbeispiel kann auch als Skalen-Modell[256] bezeichnet werden (wobei hier sämtliche Stimmen sekundweise abwärts verlaufen).

Für die (organistische) Spielpraxis hilfreich können eventuell zwei Beobachtungen sein:

- Die Oberstimmen durchlaufen untereinander (ohne Berücksichtigung des Basses) eine (mittels „Vorhalten" zeitlich verschobene) „Sextakkord"-Kette von Taktanfang zu Taktanfang (außer Takt 1).
- Die Septakkorde der Taktanfänge folgen sekundweise abwärtsgehend aufeinander: h-vermindert mit kleiner Septime, a-Moll mit kleiner Septime, G-Dur mit kleiner Septime, F-Dur mit großer Septime. Einer wird in den anderen in jeweils vier Schritten überführt:
  Erstens: $7 \to 6$,
  zweitens: $5 \to 4$,
  drittens: $3 \to 2$,
  viertens: $1 \to \text{„-1"}$
  („-1" kennzeichnet hier die neue 1, den Grundton des neuen Akkordes).

---

[256] Hartmut Fladt: „Modell und Topos im musiktheoretischen Diskurs", S. 354.

Die Quinten der II. und VII. Stufe werden regulär behandelt. Zwischen Sopran und Alt finden sich Dezimenparallelen[257] mit anticipatio, zwischen Alt-Tenor Terzenparallelen mit (metrisch verschobener) Syncopatio-Kette.[258]

---

[257] Hartmut Fladt: „Modell und Topos im musiktheoretischen Diskurs", S. 345-346.
[258] Hartmut Fladt: „Modell und Topos im musiktheoretischen Diskurs", S. 351-352.

Nr. 81

Notenbeispiel

Kommentar

Im direkten Anschluss an die problemlose Vollkommenheit der Systemkonformität von Nr. 80 (und im Gegensatz dazu) findet sich in Nr. 81 ein Stolperstein:

Die Klangfolge von Nr. 81 könnte als vollständige Quintfallsequenz aufgefasst werden, wenn Sechter bei der im Folgenden eingeklammerten Bezeichnung eines (fiktiven, eventuell wünschenswerten, jedoch nicht von Sechter geschriebenen) Fundamentes „As" den Ton „e^1" oder „es^1" im Tenor (Takt 4, drittes Viertel) geschrieben hätte:

E   A   D   G   C   F   B E **(As)** D G   C F H   E.

Sechter jedoch schreibt stattdessen den Ton „f^1", so dass ein f-Moll Sextakkord (somit das Fundament F) entsteht:

E   A   D   G   C   F   B E<u>F</u>D G   C F H   E.

Damit weist die ansonsten unterstellbare Quintfallsystematik an dieser Stelle eine Unterbrechung auf. Es lassen sich daraufhin einige Fragen formulieren:

- Handelt es sich bei dem Fundament F um einen Fehler Sechters? Dies erscheint eher unwahrscheinlich, da sich der dem f-Moll Akkord entsprechende Akkord auch in der zweiten von Sechter verfassten Variante des Notenbeispiels

Nr. 81[259] findet (als c-Moll Sextakkord in der quinthöheren Tonart dieser zweiten Variante).
- Ist die hier dargestellte Interpretation der Fundament-Fortschreitungen fehlerhaft? War von Sechter also keine Quintfallsequenz beabsichtigt? Liegt der Klangfolge eventuell eine andere Systematik zugrunde?
- War eine Quintfallsystematik zwar beabsichtigt, hielt Sechter jedoch gerade eine Abweichung von deren Vollständigkeit für angebracht? Etwa:
  - um auf die grundsätzliche Fragwürdigkeit von (Fundament-) Interpretationen hinzuweisen, die in diesem Fall dazu führen, dass eine geläufige Akkordfortschreitung (des ganzverminderten Septakkordes „e-g-b-des" in den f-Moll Dreiklang vom zweiten zum dritten Viertel in Takt 4) als problematisch oder gar als fehlerhaft (da nicht in das der Klangfolge unterstellte System passend) angesehen wird?
  Es könnte sich bei dem Stolperstein „Fundament F" somit (im Goetheschen Sinne) um eine (nonverbale) Sechtersche Warnung handeln:
    - vor der vorschnellen Formulierung theoretischer Erklärungssysteme, die den akustischen Erscheinungen nicht gerecht werden,
    - vor der großen Versuchung, in einer solchen Situation (des Nicht-gerecht-Werdens) die akustischen Erscheinungen (hier: den einzigen nicht systemkonformen Ton) anstelle der Theorie als fehlerhaft und als korrekturbedürftig anzusehen. (Nichtsdestotrotz besteht die Möglichkeit eines Fehlers Sechters.)
  - um Rezipierende mit der Frage nach ihrem persönlichen Verhältnis von Theorie und Klang zu konfrontieren. Etwa:

---

[259] Simon Sechter: *Praktische Generalbassschule*, S. 56.

Nr. 81

- Stellt eine System-Unterbrechung einen Mangel oder einen Vorzug der betreffenden Musik dar?
- Sollte der Klang von Musik unabhängig von der Frage seiner Systematisierbarkeit beurteilt werden?

Die dargestellte Versuchung (den nicht systemkonformen Ton für fehlerhaft zu erklären) wird durch die problemlose Systemkonformität des vorhergehenden Notenbeispiels Nr. 80 vergrößert. Denkbar wäre somit, dass der Abfolge der Notenbeispiele (zumindest an dieser Stelle der *Praktischen Generalbassschule*) eine didaktische Konzeption zugrunde liegt, die eine Erwartungshaltung der Rezipierenden mit berücksichtigt (beispielsweise: eine Erwartung hervorruft bzw. vergrößert, um diese danach umso gründlicher enttäuschen zu können). Eine solche hypothetisch enge Beziehung von Notenbeispiel und Rezipierendem erinnert an die (von Sechter rezipierte) Riepelsche Unterrichtung des Kompositionsschülers in Dialogform, bei der jeder Dialog in neue Notenbeispiele mündet, diese wiederum Anlass geben für weiterführende Dialoge.

Zwischen Alt und Tenor, sowie zwischen Sopran und Bass finden sich Terzenparallelen.[260]

---

[260] Hartmut Fladt: „Modell und Topos im musiktheoretischen Diskurs", S. 345-346.

Nr. 82

Notenbeispiel

Kommentar

Das Notenbeispiel kann als Quintfallsequenz der Fundamente aufgefasst werden, wenn in den Takten 2 bis 4 jeweils zwei Fundamente angenommen werden, von denen das jeweils erste durch Vorhalte verzögert (die sich teilweise aufwärts auflösen und den Eindruck selbstständiger Akkorde hervorrufen können) erst jeweils auf der „2" eines Taktes eintritt:

        C   F   H   E   A   D   G   C.

Mit der Bezifferung „7" wäre in diesem Fall also ein doppelter Vorhalt vor dem Sextakkord gemeint. Die Quinten der II. und VII. Stufe werden regulär behandelt.

Zwischen Alt und Bass finden sich Terzenparallelen[261] mit anticipatio, zwischen Sopran und Alt solche mit „superjectio", zwischen Tenor und Bass Sextenparallelen mit Syncopatio-Kette.[262] Das Notenbeispiel erinnert aufgrund der sekundweisen Bassbewegung an ein Skalen-Modell bzw. an ein Hexachordmodell.

---

[261] Hartmut Fladt: „Modell und Topos im musiktheoretischen Diskurs", S. 345-346.
[262] Hartmut Fladt: „Modell und Topos im musiktheoretischen Diskurs", S. 351-352.

Nr. 83

Notenbeispiel

Überschrift Sechters

„Nonaccord hat: 9
5
3"[263]

Kommentar

Hinsichtlich einer Fundament-Interpretation stellt sich bei diesem Notenbeispiel die Frage, ob die Nonen als Vorhalte (die sich bei gleich bleibendem Fundament auflösen) oder als Nonenakkorde (bei deren Auflösung jeweils ein Fundamentwechsel – ein Terzfall – stattfindet) angesehen werden. Beide Verstehensmöglichkeiten werden im Folgenden vorgestellt, obwohl Sechter in seiner Überschrift zu Notenbeispiel Nr. 83 von „Nonenaccord" spricht (so dass die zweite Verstehensweise mit Terzfällen mutmaßlich Sechters Intention erntspricht; allerdings muss berücksichtigt werden, dass Sechter auch andere Vorhalte gemeinsam mit dem Akkord, bei dem sie auftreten, als Akkorde bezeichnet, beispielsweise den in Nr. 96 thematisierten Quartvorhalt: als „Quartquintaccord").

Fundamentfolge bei der Auffassung der 9 als Nonenvorhalt:

C G C F H E F G C.

Fundamentfolge bei der Auffassung der 9 als Nonenakkord:

C G C A F D H G E C F D G C.

---

[263] Simon Sechter: *Praktische Generalbassschule*, S. 57

Auch folgende Fundamente wären denkbar:

A D G C F.

Ebenfalls denkbar wäre, dass es Sechters Absicht war, darauf hinzuweisen, dass sich eine None (unabhängig von der Frage ihrer Verwendung als Vorhalt oder als Akkordbestandteil) sowohl durch einen Quintfall, als auch durch einen Sekundanstieg des Fundamentes (hier: E → F) vorbereiten lässt.[264] Unter dem Gesichtspunkt eines solchen Praxisbezuges wäre es an dieser Stelle für Sechter mutmaßlich von sekundärer Bedeutung gewesen, ob ein Sekundanstieg (durch ein gedanklich dazwischen eingeschobenes Fundament) auch als Kombination aus Terzfall und Quintfall interpretiert werden kann. Die Quinte der VII. Stufe wird regulär behandelt, mit der Besonderheit, dass sie vor ihrer Abwärtsauflösung noch None des nachfolgenden Akkordes wird. Zwischen Sopran und Bass finden sich Terzenparallelen[265], zwischen Sopran und Tenor abwechselnd Terzen und Sexten, zwischen Tenor und Bass eine Syncopatio-Kette.[266] Zwischen den ersten drei Akkorden findet sich eine Pendelharmonik.[267]

---

[264] Übrigens lassen sich Vorhalte durch folgende Fundamentschritte vorbereiten:

Vorhaltstyp	Vorbereitung durch	
98	Sekundanstieg	(3 → 9)
	Quintfall	(5 → 9)
	Sekundfall	(8 → 9)
65	Quintanstieg	(3 → 6)
	Sekundfall	(5 → 6)
	Terzanstieg	(8 → 6)
43	Sekundfall	(3 → 4)
	Sekundanstieg	(5 → 4)
	Quintanstieg	(8 → 4)

[265] Hartmut Fladt: „Modell und Topos im musiktheoretischen Diskurs", S. 345-346.
[266] Hartmut Fladt: „Modell und Topos im musiktheoretischen Diskurs", S. 351-352.
[267] Hartmut Fladt: „Modell und Topos im musiktheoretischen Diskurs", S. 362-363.

Nr. 84

Notenbeispiel

Kommentar

Das Notenbeispiel kann aufgefasst werden:

- als 5 - 6 - Consecutive[268] (mit zusätzlichen Nonenvorhalten),
- als Skalen-Modell[269],
- als Kombination aus Terzfall und Quintfall mit folgenden Fundamenten:

C A D H E C F D G C.

Sechter „kombiniert" die Vorbereitungsmöglichkeiten für die None, die er in Nr. 83 vorgeführt hatte (die durch Quintfall und die durch Sekundanstieg):

Derjenige Ton, der None wird (beispielsweise das e^2 in Takt 2) ist zuerst Terz eines (hier: C-Dur) Akkordes (wie bei der Vorbereitung durch Sekundanstieg), danach Quinte eines (hier: a-Moll) Akkordes (wie bei der Vorbereitung durch Quintfall), danach None.

In der Sequenz geht die Quinte der II. Stufe aufwärts, die der VII. regulär abwärts (nachdem sie None des Folge-Akkordes wurde), in der Kadenz wird die Quinte der II. Stufe regulär behandelt.

---

[268] Hartmut Fladt: „Modell und Topos im musiktheoretischen Diskurs", S. 356-357.
[269] Hartmut Fladt: „Modell und Topos im musiktheoretischen Diskurs", S. 354.

Nr. 85

Notenbeispiel

Kommentar

In diesem Notenbeispiel gehen den Nonenakkorden sogar jeweils alle drei Akkorde voraus, die geeignet wären, eine None vorzubereiten. Beispielsweise gehen dem c^2 in Takt 2 voraus: C-Dur, a-Moll, F-Dur. Ob Sechter an diese Eigenschaft der drei Akkord dachte, erscheint allerdings fraglich, weil er nur die Überbindung von a-Moll über F-Dur nach h-vermindert notierte. Auch findet sich der Ton c^2 nicht im Alt des C-Dur Akkordes. Das Notenbeispiel kann beschrieben werden als:

- Skalen-Modell[270],
- Fundamentfolge „Terzfall, Terzfall, Quintfall":

  C A F   H G E   A F D   G E C   F D H   E C A   D H G   C,

- Quintfallsequenz:

  C F   H E   A D   G C   F H   E A   D G   C.

Mutmaßlich wurde von Sechter zugunsten der Demonstration der Möglichkeit kanonischer Stimmführung (von Bass und Alt) ein sprungweises Erreichen und Verlassen der Quinte der VII. Stufe (f^1) in der Altstimme von Takt 2 in Kauf genommen. Auf die Überbindung von Takt 4 zu 5 wurde wohl wegen des Schlüsselwechsels verzichtet. Zwischen Sopran und Tenor finden sich Sextparallelen[271] mit Syncopatio-Kette[272], zwischen Tenor und Bass Terzenparallelen der Taktanfänge.

---

[270] Hartmut Fladt: „Modell und Topos im musiktheoretischen Diskurs", S. 354.
[271] Hartmut Fladt: „Modell und Topos im musiktheoretischen Diskurs", S. 345-346.
[272] Hartmut Fladt: „Modell und Topos im musiktheoretischen Diskurs", S. 351-352.

Nr. 86

Notenbeispiel

Kommentar

In diesem Notenbeispiel folgen die Fundamente (bis auf den Quintanstieg A → E in Takt 1 und den Terzfall D → H in Takt 5) in Quintfällen aufeinander:

      A E   A   D G   C F   H E   A D H   E   A.

Zur Vorbereitung der Nonenvorhalte werden hier ausschließlich Quintfälle der Fundamente verwendet. Das Notenbeispiel weist (nonverbal) darauf hin, dass die Auflösung der None in die Oktave sich (anstelle der Bezifferung 9 8) auch hinter der Bezifferung 9 6 verbergen kann, wenn im Moment der Nonenauflösung eine Akkordumkehrung (ein Sextakkord) erklingt. Zwischen den ersten Akkorden findet sich wieder eine Pendelharmonik.[273]

---

[273] Hartmut Fladt: „Modell und Topos im musiktheoretischen Diskurs", S. 362-363.

Nr. 87

Notenbeispiel

Kommentar

Die Klangfolge könnte als Aneinanderreihung von Eröffnungskadenzen (I-II-V-I; wobei unbenommen bleibt, zwischen der I. und II. Stufe noch einer Nebentätigkeit des Hineindenkens einer VI. Stufe nachzugehen) in den Tonarten C-Dur, a-Moll, F-Dur (sowie einem doppelten Quintfall in der abschließenden Tonart C-Dur) aufgefasst werden. Die Nonen verklammern abwechselnd sowohl die Verbindung I → II, als auch V → I miteinander. Die Auflösung der None der jeweils abschließenden I. Stufe einer Eröffnungskadenz erfolgt im Anfangsakkord der folgenden Eröffnungskadenz, wodurch der Hör-Eindruck einer nahtlosen Verbindung verstärkt wird.

Florian Edler ist offenbar der Ansicht, dass es sich bei diesem (auf S. 60 der *Praktischen Generalbassschule* abgedruckten) Notenbeispiel um einen abwärts verlaufenden Dur-Moll-Parallelismus ohne Sekundschritte der Fundamente handelt.[274] Nach dieser Sichtweise würde der Zweierbeziehung von Zwischendominantakkord und tonikalem Bezugakkord nicht nur die jeweilige II. Stufe vorangestellt (ähnlich Nr. 67), sondern zudem auch die jeweilige I. Stufe, wodurch sich die (subjektiv, wie etwa auch bei Nr. 40, zu beantwortende) Frage ergibt: bis zu welchem Grad an Norm-Abweichung ein Akkordfortschreitungsmodell noch als wiedererkennbar (und somit eine Beibehaltung der Bezeichnung des Akkordfortschreitungsmodells als angemessen) eingeschätzt wird.

---

[274] Florian Edler: *Anton Bruckner und Simon Sechter*, S. 104.

NR. 87

Im Gegensatz zu Nr. 85 wurde hier in Nr. 87 beim Schlüsselwechsel ein Bogen geschrieben. Um einen Schreib- bzw. Druckfehler handelt es sich mutmaßlich bei einem anderen Bogen (vom drittletzten zum vorletzten Takt), der ausnahmsweise Noten verschiedener Tonhöhe miteinander verbindet; er sollte möglicherweise im Alt stehen und die beiden Noten c^1 verbinden. Zwischen Sopran und Tenor finden sich Sextenparallelen[275] mit einer Syncopatio-Kette[276], zwischen Alt und Tenor Terzenparallelen mit „superjectio".

Verweise auf ähnliche Fortschreitungen

„Vgl. Sechter, *Praktische Generalbassschule*, S. 9, 21f., 31, 35, 38, 43-46, 60, 66, 69, 74, 79f."[277]

---

[275] Hartmut Fladt: „Modell und Topos im musiktheoretischen Diskurs", S. 345-346.
[276] Hartmut Fladt: „Modell und Topos im musiktheoretischen Diskurs", S. 351-352.
[277] Florian Edler: *Anton Bruckner und Simon Sechter*, S. 104.

Nr. 88

Notenbeispiel

Kommentar

Das Notenbeispiel kann (bis auf den Terzfall in Takt 1) als Quintfallsequenz mit jeweils zwei Fundamenten pro Takt bezeichnet werden:

C A   D G   C F   H E   A D   G C.

Die Nonenvorhalte werden per Quintfall der Fundamente vorbereitet. Wieder gehen den Nonenvorhalten aber jeweils zwei Fundamente voraus, die beide die Vorbereitung der None ermöglichen würden:

- in Takt 1: C und A: der Ton, der im C-Dur Akkord Terz ist, wird im A-Dur Akkord Quinte und im d-Moll Akkord None (3 → 5 → 9),
- in allen übrigen Fällen (in denen jeweils doppelte Quintfälle der None vorausgehen): 8 → 5 → 9.

NR. 88

Anlässlich:

- der etwas erschwerten Spielbarkeit der beiden Dezimenzusammenklänge auf den jeweils letzten Achteln in den Takten 4 und 5,
- des Einklanges zwischen Bass und Tenor im vorletzten Takt auf dem 6. Achtel,

stellt sich die Frage der von Sechter mutmaßlich favorisierten instrumentalpraktischen Realisierung, die von weiteren Forschungen geklärt werden könnte. Zu berücksichtigen wären dabei folgende Möglichkeiten:

- eine Realisierung unter der Voraussetzung einer großen Handspanne[278],
- eine eventuell geringere Tastenbreite eines von Sechter mutmaßlich verwendeten (oder imaginierten) Instrumentes,
- eine orgelpraktische Realisierung unter Einbeziehung des Pedals.

Die Quinte der II. Stufe („a") wird im vorletzten Takt im Tenor sprungweise erreicht. Fraglich erscheint, ob Sechter diesen Ton vom Tenor in den melodischen Höhepunkt des Basses übernahm und im Bass auf der „1" des letzten Taktes (verspätet, mit zwei dazwischenliegenden Achteln, sekundweise abwärts) auflöste. Terzenparallelen[279] mit Syncopatio-Kette[280] finden sich sowohl zwischen Sopran und Tenor, als auch zwischen Alt und Tenor.

---

[278] Auf einem Bildnis Sechters sind dessen Hände erkennbar (besonders deutlich: ein erstaunlich langer, gestreckter Zeigefinger), so dass für interdisziplinäre (kunsthistorisch-musikwissenschaftlich-medizinische) Forschungen die Möglichkeit bestünde (anhand von Größenvergleichen mit ebenfalls abgebildeten Einrichtungsgegenständen) die anatomischen Gegebenheiten der Hände Sechters zu rekonstruieren. Fraglich ist, ob ein (diesen Aufwand „rechtfertigender") Erkenntnisgewinn vermutet wird.
[279] Hartmut Fladt: „Modell und Topos im musiktheoretischen Diskurs", S. 345-346.
[280] Hartmut Fladt: „Modell und Topos im musiktheoretischen Diskurs", S. 351-352.

Nr. 89

Notenbeispiel

Kommentar

Es finden sich hier häufiger Folgen von Terzfall und Quintfall der Fundamente.

Ein Argument für die Fundament-Interpretationen:

- C (im viertletzten Takt auf „2")
- D (im vorletzten Takt auf „1")

wäre, dass auf diese Weise dem in diesem Notenbeispiel häufigen Werdegang der None (3 → 5 → 9) möglichst weitgehend entsprochen würde:

```
C3 A5    D9
     D3 H5 E9
            B3  G5 C9
                G1 C5   F9
                    F3 D5 G9
                         C3 A5 D9
                              A8 D5 G9
```

Auf eine Überbindung von Takt 5 zu Takt 6 im Alt wurde in der *Praktischen Generalbassschule* mutmaßlich aufgrund der Schreibschwierigkeiten wegen des Schlüsselwechsels verzichtet. Zwischen Alt und Tenor finden sich Terzenparallelen.[281]

Das Notenbeispiel erinnert aufgrund der teilweise chromatisch verlaufenden Bassmelodie an einen Passus duriusculus.

---

[281] Hartmut Fladt: „Modell und Topos im musiktheoretischen Diskurs", S. 345-346.

Nr. 90

Notenbeispiel

Kommentar

Eventuell war es hier Sechters Absicht, zu zeigen, dass die Nonen (in den Takten 2, 4 und 6) jeweils durch einen Terzfall der Fundamente sowohl vorbereitet, als auch aufgelöst werden können. Ein Terzfall vom Vorbereitungsakkord zum Nonenakkord kann angenommen werden:

- sowohl bei den vorbereitenden Terzquartakkorden in den Takten 1 und 3 (Takt 1-2: G → E, Takt 3-4: A → F),
- als auch bei dem vorbereitenden Quintsextakkord in Takt 5 (E → C).

Es handelt sich also um ein gemeinsames Merkmal trotz unterschiedlicher Bezifferung.

Eine Vorbereitung der None durch Terzfall des Fundamentes bedeutet, dass die Septime des Vorbereitungsakkordes zur None des Nonenakkordes wird (in den Takten 1 und 2 etwa: die Septime des G-Dur Terzquartakkordes (f^2) wird None des e-Moll Nonenakkordes und löst sich in einen C-Dur Sextakkord auf).

Eine denkbare Fundament-Interpretation wären somit Terzfälle:

C   G   E   C   A   F   D   E   C   A

Denkbar wäre ebenso, dass es sich bei den Nonenakkorden um (per Quintfall erreichte) Vorhaltsakkorde handelt, die Kombinationen von 7 – 8 und 4 – 3 Vorhalten aufweisen (und daher dasselbe Fundament wie die ihnen nachfolgenden Akkorde):

G   C   A   D   E   A,

somit um Kombinationen von Quintfall und Terzfall.

Nr. 91

Notenbeispiel

Überschrift Sechters

„Septnonaccord hat: 9 9 9
7 7 7
3 , 5 3
3 , 3 ,"[282]

Kommentar

In Takt 3 auf „1" und „2" handelt es sich mutmaßlich um Druckfehler bei der Bezifferung. Sechters Systematik scheint darin zu bestehen, dass in allen ungeraden Takten (1, 3, 5) jeweils von der „1" zur „2" ein Wechsel von Grundakkord zu Sextakkord stattfindet, so dass anstelle der Bezifferung „7 – ":

- entweder (wie in Takt 1) die Bezifferung „5 6" stehen müsste
- oder (wie in Takt 5) auf der „1" des Taktes: keine Bezifferung, auf der „2" des Taktes: „6".

Die Fundamentfolge kann (mit Ausnahme des Terzfalles vom ersten zum zweiten Akkord) als Quintfallsequenz beschrieben werden:

C A D G C F H E A D G C.

Sechter unterscheidet hier zwischen:

- Akkorddissonanz 7

---

[282] Simon Sechter: *Praktische Generalbassschule*, S. 62.

NR. 91

- Stimmführungsdissonanz 9:

Die Nonen werden als Vorhalte vor Septakkorden verwendet, lösen sich also ohne Fundamentwechsel auf. Unabhängig davon bezeichnet Sechter die betreffenden Zusammenklänge als „Septnonaccorde".

Die Vorbereitung von Septime und None erfolgt jeweils durch einen Quintfall des Fundamentes: Terz und Quinte des Vorbereitungsakkordes werden zu Septime und None des Septnonakkordes. In Sopran und Alt finden sich Terzenparallelen[283] mit anticipatio, in Sopran und Tenor Sextenparallelen mit Syncopatio-Kette.[284]

---

[283] Hartmut Fladt: „Modell und Topos im musiktheoretischen Diskurs", S. 345-346.
[284] Hartmut Fladt: „Modell und Topos im musiktheoretischen Diskurs", S. 351-352.

Nr. 92

Notenbeispiel

Kommentar

Die Bewegung 9 → 8 erfolgte bereits in Nr. 91 in Vierteln. Hier, in Nr. 92, findet zusätzlich parallel dazu (eine Terz tiefer bzw. Sexte höher) die Bewegung 7 → 6 statt. Diese Sexte über dem Basston bewirkt einen Terzfall des Fundamentes, so dass sowohl Septime, als auch None als Akkorddissonanzen (bei deren Auflösung ein Fundamentwechsel stattfindet) aufgefasst werden können.

Die vielfältigen Möglichkeiten von Fundament-Interpretationen zeigen sich hier dergestalt, dass (wenn in Takt 2 der Ton h¹ des Tenors als betonte Wechselnote aufgefasst wird), mit Ausnahme des Quintfalles zwischen den beiden letzten Akkorden, eine permanente Pendelharmonik[285] in Fundament-Sekundschritten (!) (zwischen C und D) angenommen werden könnte. Die relative Kürze des Tones h¹ in Takt 5 (Achtel) würde aufgrund dieser Fundament-Interpretation so zu erklären sein, dass Sechter durch die Kürze der akustischen Wahrnehmbarkeit die „Gefahr" der Entstehung des Hör-Eindruckes eines diese Systematik (des permanenten Wechsels zwischen C und D) durchbrechenden Fundamentes H vermeiden wollte.

In Takt 1 und beim Schlüsselwechsel fehlt jeweils eine Überbindung im Alt. Zwischen Sopran und Alt finden sich Terzenparallelen.[286] Aufgrund der sekundweisen Bassbewegung kann das

---

[285] Hartmut Fladt: „Modell und Topos im musiktheoretischen Diskurs", S. 362-363.
[286] Hartmut Fladt: „Modell und Topos im musiktheoretischen Diskurs", S. 345-346.

NR. 92

Notenbeispiel als Skalen-Modell[287], bzw. als Tetrachordmodell[288] bezeichnet werden. Warum Sechter einen Septimensprung im Bass schreibt, statt etwa die vorhergehende Halbe für einen Oktavsprung in Vierteln zu nutzen, bleibt unklar. Denkbar wäre, dass Sechter dadurch auf die prinzipielle Weiterführbarkeit der sekundweisen Aufwärtsbewegung des Basses aufmerksam machen wollte.

---

[287] Hartmut Fladt: „Modell und Topos im musiktheoretischen Diskurs", S. 354.
[288] Hartmut Fladt: „Modell und Topos im musiktheoretischen Diskurs", S. 354.

Nr. 93

Notenbeispiel

Kommentar

Das Notenbeispiel kann in melodischer Hinsicht aufgefasst werden als: ineinandergeschobene Dezimenparallelen[289] (einerseits zwischen Bass und Alt, andererseits zwischen Tenor und Sopran) in einer melodischen Gegenbewegung.

Es wäre eine Fundament-Interpretation denkbar, bei der die Basstöne (bis auf den Sextakkord im drittletzten Takt) mit den Fundamenttönen identisch wären:

    C D E   F D E F   G E F G   A D   G   C

Demnach würde ein Quartrahmen sekundweise aufwärts durchmessen:

C   D   E   F.

Dieses Modell würde sekundweise aufwärts verschoben:

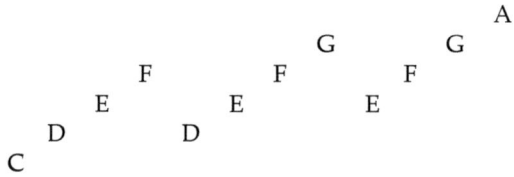

---

[289] Hartmut Fladt: „Modell und Topos im musiktheoretischen Diskurs", S. 345-346.

Nr. 93

Die Akkordfolge könnte daher sowohl als Tetrachord-Modell[290], als auch als Variante eins Skalen-Modells[291] bezeichnet werden.

Da Sechter die Aufeinanderfolge jeweils zweier Dreiklänge (bestehend aus dem jeweils letzten der oben bezeichneten Vierergruppen und dessen Nachfolgeakkord: F → D und G →E) zu einem melodischen Anstieg der Oberstimmen nutzt, bietet sich ihm im Anschluss an diesen melodischen Anstieg die Möglichkeit einer melodischen Abwärtsbewegung (in Dezimenparallelen von Sopran und Tenor). Diese melodische Abwärtsbewegung führt dazu, dass:

- sowohl Noten, die mit 7 und 9 beziffert worden sind,
- als auch dieselben Noten, als 9 und 11 (bzw. 4) eines dazwischengedachten terztieferen Fundamentes interpretiert,

korrekt sekundweise abwärts aufgelöst werden, also in beiden Fällen eine korrekte Stimmführung gewährleistet ist. Daher kann zwischen allen Sekundanstiegen des Fundamentes ein Terzfall hineingedacht werden (aus C → D würde beispielsweise C → A → D), so dass die Fundamentfolge ohne Sekundanstiege auskäme. Allerdings würden bei hineingedachten Fundamenten die sekundweise aufwärts gehenden, notierten Terzen in der Altstimme zu Quinten, deren Aufwärtsbewegung im Falle verminderter Quinten im Sinne der Sechterschen *Grundsätze* als irregulär bezeichnet werden müsste.

Im drittletzten Takt wird die Quinte der II. Stufe nicht vorbereitet.

---

[290] Hartmut Fladt: „Modell und Topos im musiktheoretischen Diskurs", S. 354.
[291] Hartmut Fladt: „Modell und Topos im musiktheoretischen Diskurs", S. 354.

Nr. 94

Notenbeispiel

Kommentar

Es handelt sich um eine Quintfallsequenz der Fundamente, abwechselnd mit Sept- und mit Septnonakkorden. Es lassen sich drei konsequente Stimmführungsebenen unterscheiden:

- Terzparallelen[292] in Sopran und Alt
- Sekundweise Abwärtsbewegung im Tenor,
- Quintfälle (bzw.: Abwechslung aus Quintfall und Quartanstieg) im Bass.

Das Notenbeispiel Nr. 94 weist aufgrund der Terzparallelen eine Ähnlichkeit zu Nr. 92 auf. Während in Nr. 92 jedoch bei der Auflösung von Septime und None keine Bassbewegung stattfand (so dass ein Terzfall der Fundamente angenommen werden konnte), bewegt sich in Nr. 94 der Bass an dieser Stelle weiter (so dass ein Quintfall der Fundamente entsteht). Es finden sich Sextenparallelen[293] mit Syncopatio-Kette[294] zwischen Sopran und Tenor. Die Bassmelodie des Notenbeispiels kann als zwei ineinandergeschobene Quartrahmen (ähnlich Nr. 52) aufgefasst werden, erinnert insofern an ein Tetrachordmodell.[295]

---

[292] Hartmut Fladt: „Modell und Topos im musiktheoretischen Diskurs", S. 345-346.
[293] Hartmut Fladt: „Modell und Topos im musiktheoretischen Diskurs", S. 345-346.
[294] Hartmut Fladt: „Modell und Topos im musiktheoretischen Diskurs", S. 351-352.
[295] Hartmut Fladt: „Modell und Topos im musiktheoretischen Diskurs", S. 354.

Nr. 95

Notenbeispiel

Literaturhinweise

„Der Nonen- und der Septnonenakkord werden den Regeln der *Grundsätze* (Bd. I, S. 30) entsprechend vorbereitet und aufgelöst; im Grunde handelt es sich um den gleichen Akkord, dem in einem Falle die Septime fehlt. Es kommen auch Beispiele mit durchgehender None (in Begleitung der Septime) vor, so, abgesehen von den viel späteren, die unter dem Titel der durchgehenden None gebracht werden, das folgende Beispiel: VC (S. 65).[296]

Kommentar

Die Akkordfolge kann unterschiedlich beschrieben werden:

- Wenn (einem Quintfall „zuliebe") im vorletzten Takt betonte Durchgänge auf „2" angenommen werden, so stellt sich die Frage, warum dies in den anderen Takten nicht geschehen sollte. Das Resultat wäre (bei taktweisem Harmoniewechsel) ein Sekundanstieg der Fundamente vom zweiten zum dritten Takt:

    C   F   G   T,

    womit, der Basstonfolge entsprechend, die Funktionenfolge T S D T entstehen würde.

---

[296] Walter Zeleny: *Die historischen Grundlagen*, S. 96.

- Bei Annahme eines konsequenten Terzfalles der Fundamente würde am Ende kein Quintfall vorhanden sein:

    C   A   F   D   G   E   C.

- Fraglich erscheint, ob aufgrund der rhythmischen Abweichung des vorletzten Taktes die Interpretation:

    C   A   F   D   G   C

    nahegelegt wird.
    Denn: Denkbar wäre, dass eine (aufgrund von Hörgewohnheit) bereits bestehende Erwartung – im Anschluss an die unbetonten Durchgangstöne auf „1 und" (in den Takten 1 und 2) akkordeigene Töne (jeweils auf „2") wahrzunehmen – durch zweimaliges Erklingen bestätigt (somit auf „2" ein Akkordwechsel gehört) wird, so dass Takt 3 (aufgrund der unterbrochenen Achtelbewegung) als irritierende Abweichung dieses bereits Gewohnten und zudem zweifach Bestätigten gehört – somit die Erwartung eines Akkordwechsels verringert und die Interpretation G → C nahegelegt – wird.
    Hinzu kommt, dass der Akkord auf „2" von Takt 3 (aufgrund der etablierten Achtelbewegung) als relativ betont wahrgenommen und aufgrund einer mutmaßlichen Hörgewohnheit als Vorhalt zur Dominante aufgefasst wird, so dass auch aus diesen Gründen das Hören eines Fundamentwechsels (G → E) weniger nahe liegend erscheint.

Die Quinten der II. und VII. Stufe werden regulär behandelt. Es finden sich Terzenparallelen.[297]

---

[297] Hartmut Fladt: „Modell und Topos im musiktheoretischen Diskurs", S. 345-346.

Nr. 96

Notenbeispiel

Überschrift Sechters

„Quartquintaccord hat: 8 5
5 5
4 , 4."[298]

Literaturhinweise

„Andere Sätze widersprechen der Fundamentalfolge nur scheinbar […].
Ein anderes hierhergehöriges Beipiel ist das Nr. LXVI (S.44), wo nur die Schritte der jeweils ersten Taktglieder als Fundamentalfortschreitung gelten; alle dazwischen befindlichen Harmonien sind zufällige, aus den chromatischen Durchgängen entstandene […].
Zufällige Akkordbildungen sind auch alle nach dem Nonenakkorde angeführten, wie Quartquintakkord, Quartnonakkord usw. Sie sind in den *Grundsätzen* nicht mit ihrem Namen genannt, finden aber ihre harmonische Erklärung durch sinngemäße Anwendung des über die Vorhalte Gesagten (*Grundsätze*, Bd. I, S. 27 ff.) [.]"[299]

Kommentar

Bei dem „Quartquintaccord" handelt es sich in diesem Notenbeispiel um einen Quartvorhalt zu einem Dreiklang in Grundstellung. Der Vorhalt wird in den Takten 2, 4 und 5 durch einen Quintanstieg des Fundamentes vorbereitet, wobei die Oktave des Vorbereitungsakkordes zur Quarte des Quartquintakkordes wird. Der Vorhalt in Takt 6 wird (je nachdem, ob zwischen den notierten, vorbereitenden E-Dur/Moll Dreiklang und den Quartquintakkord noch ein Fundament Cis dazwischengedacht wird oder nicht) durch:

---

[298] Simon Sechter: *Praktische Generalbassschule*, S. 65.
[299] Walter Zeleny: *Die historischen Grundlagen*, S. 99-100.

- einen Sekundanstieg E → Fis (bei dem die Quinte des Vorbereitungsakkordes zur Quarte des Quartquintakkordes wird) oder durch
- einen Quintfall Cis → Fis erreicht (bei dem die Septime des Vorbereitungsakkordes zur Quarte des Quartquintakkordes wird).

Das sprungweise Erreichen der Septime des Fis-Dur Akkordes im vorletzten Takt kann als Indiz dafür angesehen werden, dass Sechter H-Dur (im letzten Takt) als neue Tonart (die gesamte Akkordfolge somit als Modulation von C-Dur nach H-Dur) auffasste, denn ein sprungweises Erreichen (also das Nichtvorhandensein einer Vorbereitung) gestattet Sechter (in den *Grundsätzen*) nur dem Septakkord einer V. Stufe.

Da in Takt 2 auf „3" der Tenor aufwärts von d^1 nach e^1 bewegt wird, kann es sich bei d^1 nicht um die Septime eines hineingedachten e-Moll Septakkordes handeln, bei der Akkordfolge hingegen um „G-Dur → A-Dur Septakkord", also um einen Sekundanstieg. Wenn diese IV- V- I (G – A – D) Wendung in der Tonart D-Dur (als Muster genommen und) auf die folgende Tonart H-Dur übertragen wird (was nicht als ebenso zwingend angemessen erscheint, da zwischen den Fundamenten E und Fis durchaus ein Fundament Cis hineingedacht werden könnte: der Ton h^1 im Sopran des fünften Taktes würde demnach als Septime zu deuten sein, die vor ihrer Auflösung Quartvorhalt im sechsten Takt wird), so entsteht folgende Fundamentfolge:

C	G	A	D	A	E	Fis	H
	Kadenz nach D			Kadenz	nach	H
	S	D	T		S	D	T

Dieselbe kadenzierende Akkordfolge (IV – V – I), die (nach einer der dort vorgestellten Interpretationsmöglichkeiten) in Nr. 95 innerhalb einer Tonart verwendet wurde, dient nun, aneinandergereiht, der Modulation. Ein Zusammenhang mit Nr. 95 könnte also in der Folge S D T gesehen werden. Fraglich erscheint, ob aufgrund des Terzenverhältnisses zwischen C und A das Notenbeispiel als Variante des Durmollparallelismus' bezeichnet werden kann. Im vorletzten Takt müsste die chromatische Erhöhung der 5 beziffert sein.

Nr. 97

Notenbeispiel

Kommentar

Gezeigt wird hier die Möglichkeit, Quart-, Nonen- und Sextvorhalte auf der „1" der Takte 2 bis 6 durch vorausgehende zwischendominantische ganzverminderte Septakkorde vorzubereiten. Ein Sextvorhalt ergibt sich dabei unter der Voraussetzung der Annahme eines ganztaktigen Fundamentes A in Takt 5:

    C D   G E   A H   E E   A A   D   G   C.

Nach dieser Fundament-Interpretation wären Quintfälle der Fundamente bei Taktwechseln vorhanden.

Sechter könnte mit der paarweisen Aufteilung der Stimmen (auf die beiden Liniensysteme) in den drei letzten Takten beabsichtigt haben, optisch auf eine „elegante" (das heißt: den Septimsprung des Basses kaschierende bzw. abmildernde) Stimmführung hinzuweisen: demnach wäre der Eintritt des Tones G im Bass per Septimsprung durch das gleichzeitige Erreichen des (dem vorausgehenden Basston f nahe liegenden) Tones g im Tenor per Sekundschritt „vertretbar". (Ein weiterer (aber anders gedeuteter) Septimsprung des Basses findet sich in Nr. 75.)

Mutmaßlich handelt es sich entweder:

- bei der Überbindung des Tenors von Takt 3 zu Takt 4 um einen Schreibfehler oder:

- bei dem Ton h auf der „1" von Takt 4 (falls Sechter beabsichtigt haben sollte, den Ton c¹ von Takt 3 zu Takt 4 liegen zu lassen, so dass ein Quartsextvorhalt auf der „1" von Takt 4 entstanden wäre).

Die Quinte der II. Stufe wird schrittweise abwärts gehend erreicht und verlassen. Zwischen Sopran und Tenor finden sich Sextenparallelen[300] mit einer Syncopatio-Kette.[301]

---

[300] Hartmut Fladt: „Modell und Topos im musiktheoretischen Diskurs", S. 345-346.
[301] Hartmut Fladt: „Modell und Topos im musiktheoretischen Diskurs", S. 351-352.

Nr. 98

Notenbeispiel

Überschrift Sechters

„Quartnonaccord hat: 9
5
4."[302]

Kommentar

Mit „Quartnonaccord" wird in diesem Notenbeispiel die Kombination von Quart- und Nonenvorhalt bei einem Dreiklang in Grundstellung bezeichnet. Diese Vorhalte werden in den Takten 1 und 3 vorbereitet, indem alle drei Oberstimmen eines Quintsextakkordes (hervorgegangen aus einem, den inhaltlichen Zusammenhang mit Nr. 97 herstellenden, ganzverminderten Septakkord bzw. aus einem halbverminderten Septakkord) keine melodische Fortschreitung aufweisen und nur der Bass bewegt wird. In Takt 4 wird die Septime des Akkordes auf „2 und" durch Sekundanschluss von oben (8 → 7) erreicht, an der entsprechenden Stelle in Takt 5 steht ebenfalls „ 8 7", obwohl keine Stimmbewegung stattfindet: es handelt sich hier, in Takt 5, (anders als in Takt 4) nicht um die Bezeichnung einer Stimmbewegung, sondern um die Bezifferung zweier Akkorde: mit „8" wird ein F-Dur Akkord bezeichnet, mit „7" ein d-moll Septakkord.

Auf die Überbindungen der Viertelnote beim Übergang von Takt 4 zu 5 verzichtet Sechter mutmaßlich aufgrund einer Assoziation der melodischen Wendung mit einer kontrapunktischen Portamentnote (Vorausnahme, anticipatio).

---

[302] Simon Sechter: *Praktische Generalbassschule*, S. 67.

NR. 98

Möglich wäre folgende Fundament-Interpretation, nach der Terzfälle den Ein- und Ausstieg aus der Quintfallsequenz markieren:

      C A   D   G   C   F   D   G   C.

Zwischen Alt und Tenor finden sich Terzenparallelen[303], zwischen Sopran-Tenor Sextenparallelen (teilweise mit Syncopatio-Kette[304]).

---

[303] Hartmut Fladt: „Modell und Topos im musiktheoretischen Diskurs", S. 345-346.
[304] Hartmut Fladt: „Modell und Topos im musiktheoretischen Diskurs", S. 351-352.

Nr. 99

Notenbeispiel

Kommentar

Eine mögliche Fundament-Interpretation wäre:

        C   G   C D G   E A D   G   C.

Ein hineingedachtes Fundament A in Takt 2 auf „1 und" erscheint wenig plausibel, da in diesem Fall die Septime (g^1) aufwärts aufgelöst würde. Denkbar wäre:

        C   G   C Fis/D G   E/C A/F D   G   C.

womit ein Sekundanstieg des Fundamentes von C nach D umgangen würde.

Bei der Bezifferung des „Quartnonaccordes" handelt es sich in Takt 2 um eine Kombination aus Quart- und Nonenvorhalt eines C-Dur Grundakkordes, bei deren Auflösung bereits ein Fundamentwechsel eintritt, so dass anstelle von Stimmführungsdissonanzen ein eigenständiger Undezimenakkord angenommen werden könnte.

    In Takt 3 handelt es sich bei der Bezifferung des „Quartnonaccordes" entweder:

- um ein Fundament A (mit gedachtem Fundamentton a, dessen Terz cis, der enharmonisch umgedeuteten

übermäßigen Quinte eis, der Septime g und der kleinen None b), wodurch Quintfälle der Fundamente in den letzten drei Takten entstünden
- oder um ein Fundament F (einen übermäßigen Dreiklang mit Quart- und Nonenverhalt)
- oder um beides.

Zwischen Sopran und Alt finden sich Terzenparallelen[305], später zwischen Alt und Tenor.

---

[305] Hartmut Fladt: „Modell und Topos im musiktheoretischen Diskurs", S. 345-346.

Nr. 100

Notenbeispiel

Kommentar

Es finden Quintfälle der Fundamente statt:

        G   C   F   H   E   A

Der beginnende (unvorbereitete) Septakkord muss als Septakkord der V. Stufe angesehen werden (bei dem allein Sechter eine Septimenvorbereitung für nicht notwendig hält). Die Akkordfolge kann somit als Modulation von C-Dur nach a-Moll aufgefasst werden.

Während in Nr. 99 (in Takt 2 auf „1"), aufgrund des Fundamentwechsels, ein Undezimenakkord angenommen werden könnte, handelt es sich (hier, bei Nr. 100) an den beiden mit „11" bezifferten Stellen um Vorhalte (Quart- und Nonenvorhalte), die sich bei gleich bleibendem Fundament auflösen. Die 11 bildet zur darunterliegenden 3 eine None, entsprechend der Sechterschen Beschreibung der 11, auf die (in den Vorbemerkungen zu Sechters Bezifferungen) bereits hingewiesen wurde.

Es stellt sich in diesem fünfstimmigen Satz (aufgrund der Dezimenabstände zwischen den vier Oberstimmen) wieder die Frage der instrumentalpraktischen Realisierung.

Es finden sich Terzenparallelen[306] sowohl zwischen Sopran und Alt, als auch zwischen Tenor und Bass, zudem auch Sextenparallelen mit Syncopatio-Kette[307] zwischen Sopran und Tenor.

---

[306] Hartmut Fladt: „Modell und Topos im musiktheoretischen Diskurs", S. 345-346.
[307] Hartmut Fladt: „Modell und Topos im musiktheoretischen Diskurs", S. 351-352.

Nr. 101

Notenbeispiel

Überschrift Sechters

„Secundquintaccord hat: 5 2
                          2 5
                          5 , 2"[308]

Literaturhinweis

„Ein einziges Exemplum (Sechter, *Praktische Generalbassschule*, S. 68) enthält die der ‚Pachelbelsequenz' entsprechende harmonische Fortschreitung, wobei jedoch die Setzung der Oberstimmen den Sequenzcharakter kaschiert."[309]

Kommentar

Bei der Bezeichnung „Secundquintaccord" handelt es sich um einen Quartvorhalt im Bass. Interessanterweise (aus Sicht der Didaktik des Faches Musiktheorie) schreibt Sechter in diesem Notenbeispiel (und in den folgenden) zwei Bezifferungsfolgen, die den selben Sachverhalt bezeichnen. Er erläutert auf diese Weise (nonverbal) neue Bezifferungen aufgrund schon bekannter.

Das Notenbeispiel könnte (worauf sich der Hinweis Florian Edlers beziehen dürfte) bis zur „1" von Takt 3 als Durmollparallelismus aufgefasst werden (die folgenden Funktionsbezeichnungen

---

[308] Simon Sechter: *Praktische Generalbassschule*, S. 68.
[309] Florian Edler: *Anton Bruckner und Simon Sechter*, S. 104.

sollen lediglich die Zweierbeziehungen verdeutlichen: einem tonikalen Akkord folgt sein quinthöheres Fundament nach):

Fundamente: C G A E F
Funktionen: T D T D T

Sechter weist (nonverbal) darauf hin, dass hinter geläufigen Bezifferungen sich ungewöhnliche Sachverhalte verbergen können:

- In Takt 3 kann die zweite Takthälfte (der Bezifferung gemäß) als Abfolge der Fundamente H und G aufgefasst werden oder als Sekundakkord des Fundamentes G mit Nonenvorhalt im Alt.
- In Takt 4 auf „4" wird mit der Bezifferung mutmaßlich ein betonter Durchgang zu einem Sextakkord bezeichnet.
- Es finden sich zwischen Alt und Bass Terzen- (bzw. Dezimen-)parallelen.[310] Die Bassmelodie erinnert an ein Skalen-Modell.

---

[310] Hartmut Fladt: „Modell und Topos im musiktheoretischen Diskurs", S. 345-346.

Nr. 102

Notenbeispiel

Überschrift Sechters

„Secundquartquintaccord hat: 5
 4
 2."[311]

Literaturhinweise

„Der Septnonenakkord (Nonenakkord) ist eine Vorhaltsbildung, der man aber ‚eine, zwar uneigentliche, Selbständigkeit beilegen kann' (*Grundsätze*, Bd. I, S. 30). Dies letztere gilt aber nicht mehr von den folgenden Akkorden (Quartquint-, Quartnonakkord usw.), die rein zufällige, durch verschiedene Vorhalte entstandene Gebilde darstellen. In derlei Akkorden gibt es, von den dissonierenden Vorhalten abgesehen, manchmal noch eine Dissonanz, nämlich die Septime des (manchmal unhörbaren) Fundamentes. Diese Septime tritt oft frei ein, so im Beispiel CII, beim Sekundquartquintakkord. Sechter gesteht in seinen *Grundsätzen* (Bd. I, T. 1, § 15 c, S. 24) der Dominantseptime das Recht des freien Eintrittes zu; in allen Fällen, wo in der Generalbaßschule eine Septime (von den durchgehenden abgesehen) frei eintritt, ist es die einer Dominante. Wo sich die Septime bei einer anderen als der fünften Stufe einstellt, wird diese Stufe durch die entsprechenden chromatischen Veränderungen zu einer Dominante umgestaltet (s. *Grundsätze*,

---

[311] Simon Sechter: *Praktische Generalbassschule*, S. 69.

Bd. I, T. 3, § 20, S. 153), so im Beispiel [...] CII (S. 69) [...][.] Hier tritt die Septime stufenweise ein. "[312]

Kommentar

Während in Nr. 101 mit der Bezeichnung „Secundquintaccord" ein Dreiklang mit Quartvorhalt im Bass gemeint war, handelt es sich bei einem „Secundquartquintaccord" um einen Septakkord (Quintsextakkord) mit Quartvorhalt im Bass.

Zwei didaktische Zielsetzungen Sechters könnten bei diesem Notenbeispiel wieder darin bestehen:

- geläufige Bezifferungen mit ungewöhnlicher Bedeutung zu zeigen (Quartsextakkorde als Kombinationen von Durchgängen),
- neue Ziffern mit Hilfe schon bekannter zu erklären.

Die Fundamentfolge könnte in den Takten 1 bis 12 als Harmoniependel[313]-Variante des Durmollparallelismus aufgefasst werden (die tonikalen Fundamente C, A, F und D bilden untereinander Terzfälle und rahmen jeweils ihre dominantischen Quintsextakkorde ein, anhand derer die Quartvorhalte im Bass gezeigt werden:

Takte 1-4:
Fundamente: C   G   C,
Funktionen: T   D   T

Takte 5-8:
Fundamente: A   E   A
Funktionen: T   D   T

Takte 8-10:
Fundamente: F   C   F
Funktionen: T   D   T

Takte 10-12:
Fundamente: D   A   D
Funktionen: T   D   T

---

[312] Walter Zeleny: *Die historischen Grundlagen*, S. 96-97.
[313] Hartmut Fladt: „Modell und Topos im musiktheoretischen Diskurs", S. 362-363.

NR. 102

Nach dieser Interpretation wäre der Klang auf „3" von Takt 6 nicht als eigenständiger (in a-Moll: doppeldominantischer) Akkord aufzufassen, sondern als Kombination mehrerer Durchgänge. Auf diesen Sachverhalt könnte Sechter eventuell mit den Bögen im Sopran der Takte 5 und 6 aufmerksam gemacht haben, die die Aufmerksamkeit Rezipierender auf den „Werdegang" der Septime lenken:

- ihre Vorbereitung per melodischem Sekundanschluss in Aufwärtsrichtung,
- ihr weiteres Aufwärtsgehen (mittels chromatischem Durchgang, bei dem kein Fundamentwechsel stattfindet) in die Oktave,
- ihre Auflösung beim Fundamentwechsel in Takt 8.

Es würde sich demnach bei diesen Bögen keineswegs um Flüchtigkeits- oder Druckfehler, sondern um nonverbale Hinweise mit didaktischer Zielsetzung handeln.

Falls die Quartsextbezifferungen in den Takten 2 und 6 als eigenständige Fundamente mit berücksichtigt würden, entstünden zwei symmetrische Fundamentfolgen, bestehend aus jeweils einem doppelten Quintanstieg und einem nachfolgenden doppelten Quintfall:

C G D G C   und   A E H E A.

Gegen diese Interpretation spricht die in diesem Fall falsche (aufwärts gehende) Septimenauflösung des E-Dur Septakkordes in ein Fundament H.

Fraglich erscheint, inwieweit es als angemessen eingeschätzt würde, solche symmetrischen Akkordfolgen noch als Durmollparallelismus-Variante zu bezeichnen.

Zwischen Sopran und Alt finden sich Terzenparallelen[314], anfangs Sextenparallelen zwischen Sopran und Tenor.

---

[314] Hartmut Fladt: „Modell und Topos im musiktheoretischen Diskurs", S. 345-346.

Nr. 103

Notenbeispiel

Überschrift Sechters

„Secundterzquintaccord."[315]

Kommentar

Bei den „Secundterzquintaccorden" in diesem Notenbeispiel handelt es sich je nach Fundament-Interpretation:

- entweder um Sextvorhalte im Bass, bei deren Auflösung Septakkorde mit Quinte im Bass (Terzquartakkorde) entstehen (Die Struktur der betreffenden Septakkordtypen wechselt pro Takt:
Takt 1: ganzverminderter Septakkord
Takt 2: Dominantseptakkord
Takt 3: ganzverminderter Septakkord
Takt 4: Dominantseptakkord.),
- oder um eine Durchgangsbewegung des Basses: vom mitgedachten, terztieferen Fundamentton ausgehend abwärts zur Septime des Akkordes, also um eine Septimenvorbereitung per Sekundanschluss („8 7"),
- um eine Kombination beider Sichtweisen, wonach ein mitgedachter terztieferer Fundamentton paradoxerweise als Vorhalt zu seiner eigenen Septime aufgefasst werden müsste: eine nicht von vornherein auszuschließende Interpretation, die, etwa anlässlich der Vertonung paradoxer

---

[315] Simon Sechter: *Praktische Generalbassschule*, S. 70.

NR. 103

Sachverhalte, eine entsprechende kompositorische Maßnahme als angemessen erscheinen lassen könnte.

Nicht ausschließlich von einer Interpretation (des mit „Secundterzquintaccord" bezeichneten Bass-Geschehens) als Vorhalt auszugehen, erscheint angesichts des (im Gegensatz zu „Nr. 103a") bei Nr. 103 fehlenden Überschriftzusatzes „als Vorhalt" nicht als abwegig:

- Nr. 103: „Secundterzquintaccord."[316]
- Nr. „103a": „Secundquartseptaccord als Vorhalt beym Secundaccord."[317]

Die Klangfolge kann als Skalen-Modell[318] beschrieben werden. Zwischen Sopran und Bass finden sich Terzenparallelen[319] mit syncopationes.

---

[316] Simon Sechter: *Praktische Generalbassschule*, S. 70.
[317] Simon Sechter: *Praktische Generalbassschule*, S. 71.
[318] Hartmut Fladt: „Modell und Topos im musiktheoretischen Diskurs", S. 354.
[319] Hartmut Fladt: „Modell und Topos im musiktheoretischen Diskurs", S. 345-346.

Nr. 103a

Notenbeispiel

Überschrift Sechters

„Secundquartseptaccord als Vorhalt beym Secundaccord."[320]

Literaturhinweise

„Anders aber bei dem Beispiel für den ‚Secundquartseptaccord als Vorhalt beim Secundaccord', das übrigens durch ein merkwürdiges Spiel des Zufalls keine Nummer erhalten hat (es steht zwischen CIII und CIV, S. 71); es bringt einige Mal den Sekundakkord (mit dem Vorhalte vor der Quinte des Fundamentes) so, daß der Baßton (also die Dissonanz der Harmonie, die umgekehrte Septime) durch einen Quartsprung auf- oder Quintsprung abwärts erreicht wird, für Sechter, der gerade den Sekundakkord immer sehr vorsichtig behandelt, ein auffallend harter, kühner Satz. Übrigens macht dieses ganze Beispiel einen etwas gequälten Eindruck und hebt sich aus der Reihe der übrigen, sonst sehr flüssigen und wohlklingenden Sätzchen

---

[320] Simon Sechter: *Praktische Generalbassschule*, S. 71.

Nr. 103a

klanglich unangenehm heraus: Beispiel ohne Nr. (S. 71)[.] [...] Aber schon im nächsten Beispiel tritt der Sekundakkord wieder wohlvorbereitet auf."[321]

Kommentar

Die hier bei Nr. „103a" von Walter Zeleny als problematisch angemerkten, sprungweise erreichten Septimen im Bass finden ihre rechtfertigende Erklärung aufgrund einer früheren Anmerkung Zelenys (zu Nr. 102), wonach Sechter Septimen von Dominantseptakkorden für nicht vorbereitungsbedürftig hielt.

In diesem Notenbeispiel wird die Verwendung von Vorhalten gezeigt, die sich hinter geläufigen Bezifferungen verbergen:

- bei Sekundakkorden entstehen:
    - durch Sextvorhalte: „Secundquartseptaccorde"
    - durch Nonenvorhalte: Terzquartakkord-Klänge.
- bei Sextakkorden entstehen:
    - durch die Kombination von (sich aufwärts auflösenden) Septimvorhalten und (sich abwärts auflösenden) Nonenvorhalten: Septakkord-Klänge.
    Sechter weist auf die Stimmführung der beiden Vorhalte (die Septime mit „5" beziffert, die None mit „7") durch einen Keil hin.
- bei Quintsextakkorden entstehen:
    - durch Nonenvorhalte: Septakkord-Klänge.

Zwischen Sopran und Alt finden sich Terzenparallelen.[322]

---

[321] Walter Zeleny: *Die historischen Grundlagen*, S. 97.
[322] Hartmut Fladt: „Modell und Topos im musiktheoretischen Diskurs", S. 345-346.

Nr. 104

Notenbeispiel

Überschrift Sechters

„Secundquintsextaccord."[323]

Kommentar

In Takt 1 liegt möglicherweise ein Druckfehler in der *Praktischen Generalbassschule* vor (der in der hier vorliegenden Arbeit übernommen wurde): der Tenor sollte mutmaßlich auf „2" zu a^1 gehen und zum Folge-Takt hin übergebunden werden.

„Secundquintsextaccorde" werden in diesem Notenbeispiel als Oberstimmen-Quartvorhalte bei Sekundakkorden verwendet.

Wenn konsequent (außer den Takten 1, 9, 17) an allen Taktanfängen von Vorhalten ausgegangen wird (wodurch die Bezifferung „7" kein eigenes Fundament erhielte, sondern als Nonenvorhalt des jeweils folgenden Quintsextakkordes anzusehen wäre), so ergibt sich folgende Fundamentfolge (die als an zwei Stellen unterbrochene Quintfallsequenz beschrieben werden könnte):

---

[323] Simon Sechter: *Praktische Generalbassschule*, S. 71.

NR. 104

Teil 1 (Takte 1 - 8):	C	A	D	G	C	F	H	E	A
Teil 2 (Takte 9 - 12):	F	H	E	A				
Teil 3 (Takte 13 - 17):	E	A	D	G	C			

In Teil 1 ergeben sich Quintsextakkorde nur durch Auflösung von Nonenvorhalten, in den Teilen 2 und 3 (zusätzlich) durch Septimenvorbereitung per Sekundanschluss vom Akkordgrundton abwärts.

Die in den Takten 2 bis 7 vorgestellte Akkordfolge könnte als Skalen-Modell[324] bezeichnet werden. Terzenparallelen[325] (teilweise mit Syncopatio-Kette[326]) finden sich zwischen Sopran und Alt (hier: Kombination aus anticipatio und syncopatio), Alt und Tenor, sowie Tenor und Bass, Sextenparallelen mit Syncopatio-Kette zwischen Sopran und Bass.

---

[324] Hartmut Fladt: „Modell und Topos im musiktheoretischen Diskurs", S. 354.
[325] Hartmut Fladt: „Modell und Topos im musiktheoretischen Diskurs", S. 345-346.
[326] Hartmut Fladt: „Modell und Topos im musiktheoretischen Diskurs", S. 351-352.

Nr. 105

Notenbeispiel

Überschrift Sechters

„Secundquartseptaccord,
statt Quartseptnonaccord. Fünfstimmig: 7 oder 9
5 7
4 5
2 4."[327]

Kommentar

Der Unterschied zwischen den Bezeichnungen „Secundquartseptaccord" und „Quartseptnonaccord" betrifft die Sekunde bzw. die None über dem Basston.

Es handelt sich an den so bezeichneten Stellen in diesem Notenbeispiel um das gleichzeitige Erklingen dreier Vorhalte (9 8, 7 8, 4 3) über dem Grundton eines Dreiklanges in Grundstellung. Jeder dieser Vorhaltsakkorde wird von seinem Zwischendominantseptakkord (im viertletzten Takt: dem verkürzten Zwischendominantseptakkord) aus erreicht, indem dessen Terz, Quinte und

---

[327] Simon Sechter: *Praktische Generalbassschule*, S. 72.

NR. 105

Septime (vom erklingenden – bzw. im viertletzten Takt: vom gedachten – Grundton aus gerechnet) in den Oberstimmen nicht melodisch fortschreiten (sondern liegen bleiben). Die Septimen dieser Zwischendominantseptakkorde werden im Falle von Terzanstiegen bzw. Quintanstiegen des Fundamentes per Sekundanschluss erreicht.

Im ersten und zweiten, sowie im viertletzten und drittletzten Takt findet sich eine Pendelharmonik[328], zwischenzeitlich auch eine Kombination aus Terzfall und Quintfall bzw. aufeinanderfolgende Quintfälle. Zwischen Sopran und Alt finden sich Terzenparallelen[329], ebenso zwischen Sopran und Tenor.

---

[328] Hartmut Fladt: „Modell und Topos im musiktheoretischen Diskurs", S. 362-363.
[329] Hartmut Fladt: „Modell und Topos im musiktheoretischen Diskurs", S. 345-346.

Nr. 106

Notenbeispiel

Kommentar

Auch in diesem Notenbeispiel geht es (wie bei Nr. 105) um „Secundquartseptaccorde".

Hier entstehen die betreffenden Klänge durch Kombinationen von Durchgängen und Wechselnoten (mit Ausnahme des drittletzten Taktes, in dem ein Vorhaltsakkord nach dem Muster von Nr. 105 erklingt). Die Verwendung in Form von Durchgängen und Wechselnoten erfolgt nach einem gleich bleibenden (vier Klänge umfassenden) Muster, das in den ersten vier Vierteln vorgeführt wird. Es handelt sich dabei um eine Pendelharmonik[330], bei der der erste und der vierte Klang (in Form eines Orgelpunktes) einen harmonischen Rahmen (im melodischen Bereich vergleichbar mit einem circolo mezzo, bei dem der erste und vierte Ton gleich sind) bilden. Hartmut Fladt[331] weist auf die Möglichkeit der Deutung von „Orgelpunkt-Modellen" als „Eröffnungs-Topoi" hin.

Während Sechter ansonsten bei allen „Secundquartseptaccorden" die Quarte über dem Bass (die Septime des verkürzten Zwischendominantseptakkordes) abwärts bewegt, findet von Takt 1 zu Takt 2 an der entsprechenden Stelle eine Aufwärtsbewegung statt (obwohl sich der Ton f^1 im Alt melodisch weder als Durchgang, noch als Wechselnote zu erkennen gibt), in Takt 2 (nach dem Orgelpunkt) gleicherweise. An diesen Stellen behandelt Sechter also die Quinte der VII. Stufe irregulär.

---

[330] Hartmut Fladt: „Modell und Topos im musiktheoretischen Diskurs", S. 362-363.
[331] Hartmut Fladt: „Modell und Topos im musiktheoretischen Diskurs", S. 365.

NR. 106

Die Anfangsakkorde des 1., 3., 5. und 7. Taktes (Fundamente: C, F, D, C) können als Kombination aus Quintfall und Terzfall aufgefasst werden. Die Bassmelodie erinnert aufgrund ihrer dreimaligen sekundweisen Anstiege an ein Skalen-Modell, ein Tetrachord-[332] und ein Hexachordmodell.

---

[332] Hartmut Fladt: „Modell und Topos im musiktheoretischen Diskurs", S. 354.

Nr. 107

Notenbeispiel

Überschrift Sechters

„7			9
6	7	7	7
4	6	6	6
2,	2,	4,	4."[333]

Kommentar

Fraglich erscheint, ob Sechter bei diesem Notenbeispiel die Möglichkeit erwog, bei Sekundanstiegen des Fundamentes, etwa von D nach E in Takt 2, ein Zwischen-Fundament (hier: H) hinein zu denken. In Takt 2 etwa würde die Verdopplung des Tones a eine Septimverdopplung über dem gedachten Fundament H darstellen.

---

[333] Simon Sechter: *Praktische Generalbassschule*, S. 73.

NR. 107

Denkbar erscheint hingegen, dass Sechter hier Rezipierende nonverbal mit der Frage konfrontieren wollte, ob das Bestreben eines Vermeidens von Sekundverbindungen des Fundamentes (aufgrund fehlender gemeinsamer Töne der beteiligten Akkorde) angesichts von Vorhaltshäufungen weiterhin als sinnvoll einzustufen sei, da:

- Vorhaltshäufungen aufeinander folgende Akkorde jedweden Fundamentabstandes miteinander verklammern können,
- durch Vorhaltskombinationen „zufällige" Akkorde entstehen, deren (nichtsdestotrotz reales) Erklingen zur Folge hat, dass die den Klangfolgen zugrunde liegende Fundamentfortschreitung klanglich ohnehin in den Hintergrund tritt.

Zwischen Sopran und Alt finden sich Terzen – und Sextenparallelen.[334]

---

[334] Hartmut Fladt: „Modell und Topos im musiktheoretischen Diskurs", S. 345-346.

Nr. 108

Notenbeispiel

Überschrift Sechters

„Terzsextseptaccord."[335]

Kommentar

Die Überbindung in Takt 2 zwischen den Notenköpfen der Viertelnoten findet sich so wie hier wiedergegeben in der *Praktischen Generalbassschule*. Gemeint ist jedoch mutmaßlich eine Überbindung im Alt: zwischen der halben Note a^1 und der nachfolgenden Viertelnote a^1.

„Terzsextseptaccorde" werden in diesem Notenbeispiel in Form von Sextvorhalten bei Septakkorden in Grundstellung verwendet. Florian Edler weist darauf hin, dass es sich um einen abwärts verlaufenden Dur-Moll-Parallelismus ohne Sekundschritte

---

[335] Simon Sechter: *Praktische Generalbassschule*, S. 74.

NR. 108

der Fundamente handelt.[336] Sechter verdoppelt im letzten Takt die Terz des Akkordes, obwohl ein abspringender Leitton im Alt von h nach g möglich gewesen wäre. Zwischen Sopran und Alt finden sich Terzenparallelen[337] mit (unterbrochener) Syncopatio-Kette.[338]

Verweise auf ähnliche Fortschreitungen

„Vgl. Sechter, *Praktische Generalbassschule*, S. 9, 21f., 31, 35, 38, 43-46, 60, 66, 69, 74, 79f."[339]

---

[336] Florian Edler: *Anton Bruckner und Simon Sechter*, S. 104.
[337] Hartmut Fladt: „Modell und Topos im musiktheoretischen Diskurs", S. 345-346.
[338] Hartmut Fladt: „Modell und Topos im musiktheoretischen Diskurs", S. 351-352.
[339] Florian Edler: *Anton Bruckner und Simon Sechter*, S. 104.

Nr. 109

Notenbeispiel

Überschrift Sechters

„Sextnonaccord:"[340]

Kommentar

Der „Sextnonaccord" wird in diesem Notenbeispiel als Quartvorhalt (einer Oberstimme) bei einem Sextakkord verwendet. In Takt 6 bewegt sich während der Vorhaltsauflösung im Tenor gleichzeitig der Alt sekundweise aufwärts, wodurch ein Quartsext-Klang entsteht. Im vorletzten Takt liegt im Alt mutmaßlich ein Druckfehler vor: der Alt müsste (der Bezifferung gemäß) auf „3" zu d^1 gehen. Zwischen Sopran und Alt finden sich Terzenparallelen[341] mit Syncopatio-Kette.[342] Unklar ist die Bedeutung des Bogens im Sopran von Takt 5 zu Takt 6.

---

[340] Simon Sechter: *Praktische Generalbassschule*, S. 74.
[341] Hartmut Fladt: „Modell und Topos im musiktheoretischen Diskurs", S. 345-346.
[342] Hartmut Fladt: „Modell und Topos im musiktheoretischen Diskurs", S. 351-352.

Nr. 110

Notenbeispiel

Überschrift Sechters

"Quartsextnonaccord: 9
6
4"

Literaturhinweise

"[...] hier ist das a und das c Vorhalt vor g und h, das e aber ‚unregelmäßige' Durchgangsnote zwischen f und d."[343]

Kommentar

Ein Zusammenhang mit Nr. 109 besteht darin, dass dort, in den Oberstimmen, die Terz eines Sextakkordes mittels Vorhalt verspätet eintraf, hier in Nr. 110, trifft, in den Oberstimmen, die Quinte eines Quartsextakkordes mittels Vorhalt verspätet ein.

Es handelt sich um die Aneinanderreihung eines gleich bleibenden Musters der Fundamentfortschreitungen, bestehend aus: Terzfall, Quintfall, Quintfall, beispielsweise: in Takt 1 auf der zweiten Takthälfte beginnend, bis zur ersten Takthälfte von Takt 3: F → D → G → C. Nach dieser Interpretation, die der von Zeleny

---

[343] Walter Zeleny: *Die historischen Grundlagen*, S. 92.

erwähnten zu entsprechen scheint, würde etwa der komplette zweite Takt das Fundament G aufweisen. Es finden sich (teilweise mit Syncopatio-Kette[344]) Terzenparallelen[345] zwischen Sopran und Alt, sowie zwischen Sopran und Tenor; Sextenparallelen zwischen Sopran und Tenor. In Takt 4 wurde die Ziffer 7 ergänzt.

---

[344] Hartmut Fladt: „Modell und Topos im musiktheoretischen Diskurs", S. 351-352.
[345] Hartmut Fladt: „Modell und Topos im musiktheoretischen Diskurs", S. 345-346.

Nr. 111

Notenbeispiel

Kommentar

Das Notenbeispiel demonstriert, wie drei gleichzeitig erklingende Vorhalte aufeinander folgend aufgelöst werden können. Das (mutmaßlich zu diesem Zweck) angewandte Fortschreitungsmuster entspricht den in Takt 1 bezifferten Klängen, deren Bezifferungssystematik in den Folgetakten mehrfach wiederholt wird. In den ersten drei Takten findet sich eine Pendelharmonik[346]; zwischen Sopran und Alt, sowie zwischen Alt und Tenor Terzenparallelen.[347]

---

[346] Hartmut Fladt: „Modell und Topos im musiktheoretischen Diskurs", S. 362-363.
[347] Hartmut Fladt: „Modell und Topos im musiktheoretischen Diskurs", S. 345-346.

Nr. 112

Notenbeispiel

Überschrift Sechters

„Die Quart im Durchgange."[348]

Kommentar

Es handelt sich um eine Quintfallsequenz, bei der auf der „1" eines jeden Taktes ein betonter Quartdurchgang abwärts (vom Grundton des vorausgehenden Akkordes aus) stattfindet. Die Quinten der II. und VII. Stufe werden regulär behandelt. Zwischen Sopran und Bass finden sich abwechselnd Terzen- und Sextenzusammenklänge.[349]

Die Bassmelodie erinnert wieder an zwei ineinandergeschobene Quartrahmen, insofern an ein Tetrachordmodell[350] (ähnlich beispielsweise Nr. 52).

---

[348] Simon Sechter: *Praktische Generalbassschule*, S. 77.
[349] Hartmut Fladt: „Modell und Topos im musiktheoretischen Diskurs", S. 345-346.
[350] Hartmut Fladt: „Modell und Topos im musiktheoretischen Diskurs", S. 354.

Nr. 113

Notenbeispiel

Kommentar

Hinweis Sechters:

„Besser."[351]

Sechters Überschrift bezieht sich mutmaßlich auf das Verhältnis von Nummer 113 zu Nr. 112. In diesem Notenbeispiel bleibt der Alt während des betonten Quartdurchganges (des Soprans) als Nonenvorhalt liegen, welcher sich gleichzeitig mit dem Sopran-Durchgang (in Terzenparallelen[352]) weiterbewegt. Zwischen Alt und Bass findet sich zudem eine Syncopatio-Kette[353] und zwischen Sopran und Bass abwechselnd Terzen und Sexten. Die Bassmelodie erinnert wieder an zwei ineinandergeschobene Quartrahmen, insofern an ein Tetrachordmodell[354] (ähnlich beispielsweise Nr. 7, 52 oder 113).

---

[351] Simon Sechter: *Praktische Generalbassschule*, S. 77.
[352] Hartmut Fladt: „Modell und Topos im musiktheoretischen Diskurs", S. 345-346.
[353] Hartmut Fladt: „Modell und Topos im musiktheoretischen Diskurs", S. 351-352.
[354] Hartmut Fladt: „Modell und Topos im musiktheoretischen Diskurs", S. 354.

Nr. 114

Notenbeispiel

Überschrift Sechters

„Die Non im Durchgang."[355]

Kommentar

Fraglich ist, warum Sechter dieses Notenbeispiel in G-Dur schrieb.

Die None wird als Durchgang vorgestellt, auch in Kombination mit anderen Durchgängen. Bemerkenswert ist in Takt 3 auf „3" der Alt: Fraglich ist, warum Sechter den Ton g^1 nicht von fis^1 kommend erreicht, so dass er als Durchgang zu erkennen wäre. Falls er ihn auf diese Weise vorbereiten wollte, also als Septime eines mitgedachten Fundamentes A ansah, so irritiert die Aufwärtsauflösung. Die Stelle erinnert an Nr. 106 (Takt 1). Es finden sich Terzen- und Sextenparallelen.

---

[355] Simon Sechter: *Praktische Generalbassschule*, S. 78.

Nr. 115

Notenbeispiel

Kommentar

Sechter demonstriert hier den Gebrauch von (einzelnen und von paarweisen – in Terzen bzw. Sexten kombinierten) Wechselnoten. Das Nichtvorhandensein einer eigenen Überschrift kann dadurch erklärt werden, dass Sechter eine Wechselnote offenbar als eine Variante des (in der Überschrift zu Nr. 114 thematisierten) Durchganges auffasste: In den Grundsätzen bezeichnet er sie als „[…] zurückkehrende Durchgänge […]".[356]

Ausgangspunkte für die Wechselnoten sind in den Oberstimmen folgende simultane Intervallkonstellationen: Terz-Quinte, Terz-Sexte, Quarte-Sexte, Quinte-Oktave.

Die ersten fünf Basstöne können als Ausschnitt aus dem Skalen-Modell[357] aufgefasst werden. Die Quinte der VII. Stufe wird in Takt 1 sekundweise abwärts erreicht und sekundweise aufwärts verlassen. Die Quinte der II. Stufe wird im drittletzten Takt regulär behandelt. Es finden sich sowohl Terzen-, als auch Sextenparallelen[358], sowie eine (als Faux-Bourdon-Satz zu bezeichnende[359]) Folge von Sextakkorden.

---

[356] Simon Sechter: *Die Grundsätze* I, § 26, S. 40.
[357] Hartmut Fladt: „Modell und Topos im musiktheoretischen Diskurs", S. 354.
[358] Hartmut Fladt: „Modell und Topos im musiktheoretischen Diskurs", S. 345-346.
[359] Hartmut Fladt: „Modell und Topos im musiktheoretischen Diskurs", S. 354-355.

Nr. 116

Notenbeispiel

Überschrift Sechters

„Die Secund im Durchgange."[360]

Kommentar

Die Fundamentfolge besteht zunächst aus Quintanstiegen, danach aus abwechselnden Terz- und Quintfällen. Sechter schreibt die Bewegung 4323 bei gleich bleibendem Fundament. Die 4 wird bei Quintanstiegen des Fundamentes durch die 8 des vorigen Fundamentes vorbereitet, bei Quintfällen durch die 7. Sowohl zwischen Sopran und Alt, als auch zwischen Alt und Tenor finden sich Terzenparallelen[361] mit syncopationes.[362]

---

[360] Simon Sechter: *Praktische Generalbassschule*, S. 79.
[361] Hartmut Fladt: „Modell und Topos im musiktheoretischen Diskurs", S. 345-346.
[362] Hartmut Fladt: „Modell und Topos im musiktheoretischen Diskurs", S. 351-352.

Nr. 117

Notenbeispiel

Überschrift Sechters

„Secund und Quart zugleich im Durchgange."[363]

Kommentar

Florian Edler weist darauf hin, dass es sich um einen abwärts verlaufenden Dur-Moll-Parallelismus ohne Sekundschritte der Fundamente handelt.[364] Im Vergleich zu Nr. 116 führt Sechter hier (in Nr. 117) vor, dass zu derjenigen Stimme, die die Quartvorhalte aufweist (hier: Alt), deren obere Nachbarstimme (hier: Sopran) in Terzenparallelen[365] verlaufen kann. Es finden sich zudem Sextenparallelen zwischen Sopran und Tenor. In der *Praktischen Generalbassschule* fehlt in Takt 4 die Punktierung im Tenor. Bei der Überbindung in Takt 5 handelt es sich (verglichen mit den Takten 1 und 3) mutmaßlich um einen Druckfehler.

Verweise auf ähnliche Fortschreitungen

„Vgl. Sechter, *Praktische Generalbassschule*, S. 9, 21f., 31, 35, 38, 43-46, 60, 66, 69, 74, 79f."[366]

---

[363] Simon Sechter: *Praktische Generalbassschule*, S. 79.
[364] Florian Edler: *Anton Bruckner und Simon Sechter*, S. 104.
[365] Hartmut Fladt: „Modell und Topos im musiktheoretischen Diskurs", S. 345-346.
[366] Florian Edler: *Anton Bruckner und Simon Sechter*, S. 104.

Nr. 118

Notenbeispiel

Überschrift Sechters

„In folgenden Beyspielen ist die Lage der Harmonie durch den Eintritt der Stimmen bestimmt."[367]

Kommentar

Mit der Formulierung „in folgenden Beispielen" können nur die Nummern 118 bis 120 gemeint sein, da Nr. 118 keine Varianten aufweist. Links vom obersten (mit Sopranschlüssel versehenen) Notenliniensystem schreibt Sechter:

„Bezeichnung",[368]

in der selben Akkolade links vor dem mit Bassschlüssel versehenen Notenliniensystem (gültig aber sowohl für dieses, als auch für das

---

[367] Simon Sechter: *Praktische Generalbassschule*, S. 81.
[368] Simon Sechter: *Praktische Generalbassschule*, S. 81.

NR. 118

darüber befindliche, mit Violinschlüssel versehene, Notenliniensystem):

„Ausführung".[369]

Das Notenbeispiel demonstriert die Vorgehensweise bei nicht konsequenz akkordisch zu begleitenden (imitatorischen) Passagen von Musikstücken: in diesen Fällen werden ein- und zweistimmige Passagen in Notenschrift wiedergegeben (und vom Generalbass Spielenden auch nur ein- bzw. zweistimmig ausgeführt), ab dem Einsatz einer dritten Stimme wird:

- entweder die übliche (das heißt: einstimmige, gegebenenfalls bezifferte, in eine Mehrstimmigkeit zu übertragende) Generalbassnotation angewendet,
- oder der Einsatz einer dritten Stimme wird (wie in Nr. 120 im unbezifferten Takt 4) durch einen der einsetzenden Stimmlage entsprechenden Notenschlüssel angezeigt.

Die unterschiedlichen Schlüssel scheinen den Generalbass Spielenden grundsätzlich darüber zu informieren, welche Stimme neu einsetzt.

Sechters Formulierung „Lage der Harmonie" bezieht sich mutmaßlich auf die Nahtstelle zwischen beiden Notationsweisen: die „Ausführung" zu Beginn der Generalbassnotation (zu Beginn der Dreistimmigkeit, der „Harmonie") soll sich (dieser Interpretation gemäß) an der vorhergehenden, notierten Ein- bzw. Zweistimmigkeit („der Stimmen") orientieren und einen nahtlosen Übergang zu dieser herstellen.

Unklar bleiben bei diesem Verfahren allerdings Übergangsstellen (wie hier in Nr. 118 in Takt 7), bei denen eine nicht vorhandene Bezifferung gedeutet werden kann:

- als Dreiklang in Grundstellung,
- als Einzelton.

---

[369] Simon Sechter: *Praktische Generalbassschule*, S. 81.

Im viertletzten Takt steht (der „Ausführung" gemäß) in der Generalbassnotation oben „6", darunter „9", an anderen Stellen wird (unabhängig von der „Ausführung") die Größenreihenfolge der Ziffern von unten nach oben eingehalten (etwa in Takt 5). Mutmaßlich weicht Sechter von der Größenreihenfolge der Ziffern ab, um eine bestimmte „Lage der Harmonie" zu fordern: im viertletzten Takt etwa, um dem Musikstück eine Rahmung zu verleihen (indem die zu Beginn einstimmig das Imitationsmodell vortragende Sopranstimme dieses am Ende des Stückes wieder aufgreift). Falls diese Interpretation zutreffend sein sollte, so erfolgt der entsprechende Hinweis Sechters wiederum nonverbal.

Es finden sich Sextenparallelen[370] mit Syncopatio-Ketten.[371]

---

[370] Hartmut Fladt: „Modell und Topos im musiktheoretischen Diskurs", S. 345-346.
[371] Hartmut Fladt: „Modell und Topos im musiktheoretischen Diskurs", S. 351-352.

Nr. 119

Notenbeispiel

Kommentar

Die Bezifferung „10" (anstelle von „3") verwendet Sechter mutmaßlich, um auf die „Lage der Harmonie" hinzuweisen (darauf, dass die „Terz über dem Basston" im Sopran, also über der „6" und über der „8", liegen soll). Allerdings wäre zu diesem Zweck ausreichend gewesen (wie in Nr. 118), die Größenreihenfolge der Ziffern zu ändern und „3" (anstelle von „10") oben zu schreiben (entsprechend der Bezifferung „6" anstelle von „13" in Nr. 118). Sechter verwendet also:

- entweder in solchen Fällen grundsätzlich
- oder auch nur einmalig (um – nonverbal – auf den entsprechenden Sachverhalt aufmerksam zu machen):

mutmaßlich zwei unterschiedliche Arten der Kennzeichnung der „Lage der Harmonie":

- Änderungen der Größenreihenfolge der Bezifferung (kleinere Ziffern oben),
- Änderungen der Bezifferung (etwa: „10" anstelle von „3").

Nr. 120

Notenbeispiel

Kommentar

Der Beginn der Bezifferung mit der (für die „Ausführung" eines beliebigen C-Dur Dreiklanges in Grundstellung überflüssigen) „3" in Takt 5 soll mutmaßlich:

- entweder auf eine von Sechter gewünschte Terzlage hinweisen
- oder/und auf eine Terzverdopplung
- oder/und (ähnlich Nr. 24) auf einen Stimmverlauf (eine der Terzen über dem Basston c^1 soll sich demnach in die Sexte über dem folgenden Basston bewegen).

Es finden sich Syncopatio-Ketten.[372]

---

[372] Hartmut Fladt: „Modell und Topos im musiktheoretischen Diskurs", S. 351-352.

Tabellarische Übersicht

Diese folgende Tabelle soll eine Hilfestellung für weitere Beschäftigungen mit der *Praktischen Generalbassschule* darstellen. Sie erhebt nicht den Anspruch, die betreffenden Notenbeispiele erwiesenermaßen zutreffend oder vollständig zu beschreiben, sondern beabsichtigt lediglich, einige der (in den Kommentaren zu den Notenbeispielen erwähnten) komplexeren Sachverhalte zusammenfassend (daher teilweise vereinfachend) wiederzugeben, so dass eine erste Orientierung innerhalb der Vielzahl der Notenbeispiele möglich wird. Keinesfalls ersetzt die Tabelle eine Rezeption der Notenbeispiele bzw. der zugehörigen Kommentare. Beispielsweise findet sich in der Rubrik „Fundament-Folgen" bei einigen Notenbeispielen nur eine von mehreren (der im Kommentar zum jeweiligen Notenbeispiel erwähnten) möglichen Fundament-Interpretationen; auch umfassen die in der Rubrik bezeichneten Regelmäßigkeiten der Fundamentfolgen in einigen Fällen nur einen Teil eines gesamten Notenbeispiels.

Erklärung der verwendeten Abkürzungen:
5-6-C = 5 – 6 – Consecutive
P.: 3/6 = Parallele Stimmverläufe in Terzen, Sexten, Dezimen
Skala = Skalen-Modell
Pendel = Pendelharmonik
2V = Sekundverbindung der Fundamente
TC = Tetrachord
DMP = Durmollparallelismus
LB = Lamento-Bewegung
GZ = Großterzzirkel
Syn.-Kette = Syncopatio-Kette
PD = Passus duriusculus
CS = Chromatische Spiegelbewegung
Fundament – Folgen = Regelmäßigkeiten von Fundament-Folgen
T = Terz
Q = Quinte
S = Sekunde

Simon Sechters *Praktische Generalbassschule* op. 49

Nr.	5-6-C.	P.: 3/6	Skala	Pendel	2V	TC	DMP	LB	GZ	Syn.-Kette	PD	CS	Fundament-Folgen
1	x												T↓
2		x											Q↓
3	x	x	x										T↓Q↓
4				x									Q↓T↓
5							x						T↑Q↓
6			x										S↑
7						x							T↑S↑T↓
8					x								
9													Q↑: Q↓
10	x	x											Q↓T↓
11			x										
12													T↓
13	x												T↓
14	x												T↓
15	x												T↓
16		x				x							Q↓
17		x											Q↓
18		x											Q↓
19													Q↓
20	x		x										T↓Q↓
21	x												T↓Q↓
22	x												T↓Q↓
23				x									Q↓T↓
24				x									Q↓T↓
25							x						T↑Q↓
26							x						T↑Q↓

Tabellarische Übersicht

Nr.	5-6-C.	P.: 3/6	Skala	Pendel	2V	TC	DMP	LB	GZ	Syn.-Kette	PD	CS	Fundament-Folgen
27							x						T↑Q↓
28		x	x										S↑
29		x				x							Q↓T↓
30		x				x							Q↓T↓
31					x								
32		x	x		x								
33		x	x		x						x		
34		x						x					Q↓T↓
35		x					x						
36								x					T↓T↓Q↓
37	x								x				T↓T↓Q↓Q↓
38		x	x				x						Q↓
39			x										Q↓
40							x						Q↓
41		x		x									Q↓T↓
42				x									Q↓T↓
43		x	x				x						T↑Q↓
44							x						T↑Q↓
45		x	x										S↑T↓
46		x											Q↓T↓
47		x	x					x					Q↑;Q↓
48													T↓Q↓
49							x						Q↓T↓
50		x											T↑Q↓
51		x											Q↓
52										x			Q↓

SIMON SECHTERS *PRAKTISCHE GENERALBASSSCHULE* OP. 49

Nr.	5-6-C.	P.: 3/6	Skala	Pendel	2V	TC	DMP	LB	GZ	Syn.-Kette	PD	CS	Fundament-Folgen
53			x										T↑Q↓
54			x										S↑
55		x											S↑
56		x	x										T↑Q↓
57							x						T↑Q↓
58		x											T↑Q↓
59		x											Q↓
60			x										T↑Q↓
61		x		x									Q↓
62		x											T↓T↑Q↓
63													
64		x					x			x			T↑Q↓
65		x	x										S↑ bzw. Q↓; Q↑T↓
66			x	x							x	x	Q↓
67		x	x				x			x			S↑S↑Q↓
68		x											T↓
69		x	x				x			x			Q↓
70		x	x				x						Q↓
71		x	x										Q↓
72			x										Q↓T↑
73		x	x							x			T↓T↑Q↓
74				x			x						
75				x									Q↓T↑
76		x		x									Q↑Q↓
77		x	x							x			Q↓

Tabellarische Übersicht

Nr.	5-6-C.	P.: 3/6	Skala	Pendel	2V	TC	DMP	LB	GZ	Syn.-Kette	PD	CS	Fundament-Folgen
78		x	x							x			Q↓
79		x		x									Q↓T↓
80		x	x							x			T↓
81		x											Q↓
82		x								x			Q↓
83		x		x						x			Q↓
84	x		x										T↓Q↓
85		x	x							x			T↓T↓Q↓ bzw. Q↓
86				x									Q↓
87		x					x			x			T↓Q↓Q↓ bzw. S↑Q↓Q↓
88		x								x			Q↓
89		x											T↓Q↓
90													
91													Q↓
92		x	x	x									
93		x	x		x								S↑S↑S↑T↓ bzw. T↓Q↓
94		x								x			Q↓
95		x											
96							x						Q↑S↑Q↓
97		x								x			Q↓T↓; Q↓
98		x								x			Q↓
99		x											
100		x								x			Q↓

Simon Sechters Praktische Generalbassschule Op. 49

Nr.	5-6-C.	P.: 3/6	Skala	Pendel	2V	TC	DMP	LB	GZ	Syn.-Kette	PD	CS	Fundament-Folgen
101		x					x						
102		x		x			x						Q↑Q↑Q↓Q↓
103		x	x										
103a		x											
104		x	x							x			Q↓
105		x		x									Q↓
106				x									Q↓T↓
107		x											
108		x					x			x			T↓Q↓
109		x								x			
110		x								x			T↓Q↓Q↓
111		x		x									
112		x											Q↓
113		x											Q↓
114		x											
115		x	x										
116		x								x			Q↑; T↓Q↓
117		x					x						
118		x								x			
119													
120										x			

Literaturverzeichnis

Dahlhaus, Carl: *Untersuchungen über die Entstehung der harmonischen Tonalität*, Kassel u.a. (Bärenreiter) 1968.

Edler, Florian: *Anton Bruckner und Simon Sechter, Zum Verhältnis von Komposition und Theorie im späten 19. Jahrhundert*, in: Christian Utz (Hg.): *Musiktheorie als interdisziplinäres Fach, 8. Kongress der Gesellschaft für Musiktheorie*, Graz 2008 (=Schriftenreihe der Kunstuniversität Graz, Institut 1, B.4), S. 101-118).

Fladt, Hartmut: „Modell und Topos im musiktheoretischen Diskurs. Systematiken / Anregungen", in: *Mth* 4 (2005), S. 343-369.

Fladt, Hartmut: „Modell – Topos – Figur. Individualisierte Satztechniken in Wagners *Tristan und Isolde*", in: *Systeme der Musiktheorie*, hrsg. für die Hochschule für Musik Carl Maria v. Weber von Clemens Kühn und John Leigh, Dresden 2009, S. 20-32.

Fladt, Hartmut: „Worüber ich nicht sprechen werde", in: ZGMTH 8/1 (2011), S. 173-176.

Lenz, Volker: *Simon Sechter: Alltagsprosa-Vertonungen und ihre kontextuellen Analysevoraussetzungen*, online-Veröffentlichung, Berlin 2021.

Sechter, Simon: *Praktische Generalbassschule, Neue Ausgabe im einem Bande*, op. 49, Leipzig (Leuckart), ohne Jahresangabe.

Sechter, Simon: *Die Grundsätze der musikalischen Komposition*, 3 Bde., Leipzig 1853-1854.

Zeleny, Walter: *Die historischen Grundlagen des Theoriesystems von Simon Sechter*, Wien 1938 (= *Wiener Veröffentlichungen zur Musikwissenschaft* (Hg. Othmar Wessely), Bd. 10), Tutzing 1979.

ibidem.eu